法律援助案例选编

北京市司法局　编

商务印书馆

2008年·北京

主　编：吴玉华
副主编：史立森
编　委：许　冷　石光春　孟景春　胡天森
李　伟　朱卫江　顾　萱　赵　峰
胡　勇　任彦超

序

法律援助，是由政府设立的法律援助机构，组织法律援助人员和社会志愿人员，为经济困难的公民或特殊案件的当事人提供免费的法律服务，以保障其合法权益得以实现的一项法律保障制度。

温家宝总理在第十届全国人民代表大会第四次会议的政府工作报告中提出，要“做好法律服务和法律援助工作，为困难群众打官司提供有效帮助”。法律援助在我国经济建设、政治建设、精神文明建设和构建和谐社会中的作用不断增强。开展法律援助工作，解决困难群众告状难、打官司难的问题，是实现法律面前人人平等、促进司法公正的重要环节和保障。

北京市自 1997 年开展法律援助工作以来，在各级党委和政府的重视下，在社会各界的大力支持配合下，法律援助事业取得了长足发展：以《法律援助条例》的颁布实施为标志，“政府主导，全社会广泛参与”的法律援助工作格局初步确立；以 2003 年法律援助列入市政府为群众办的实事为契机，制约法律援助发展瓶颈问题的人员编制和经费问题得到解决；以降低法律援助的门槛、扩大法律援助的受案范围为突破，更多的困难群众得到了法律援助，倚仗法律的武器维护了自己的合法权益。全市在市区（县）两级建立了 19 家法律援助中心；依托街道、乡镇司法所建立了 300 多个法律援助工作站；在社团组织建立了法律援助分中心；与清华大学、中国人民大学、中国政法大学等高校合作共建法律援助志愿者队伍；还批准成立了数个志愿者法律援助机构，形成了方便群众的法律援助工作网络。

法律援助是政府责任，同样需要全市法律服务人员的积极参与。

在全市办理的法律援助案件中，近90%的法律援助案件由律师承办，他们严格执法的作风、热情周到的服务、无私奉献的精神，为贫弱群体撑起了一片法律的蓝天。

本书推出的数十个法律援助案例，主要是从2003年度至2005年度北京市法律援助工作者承办的数千例案件中筛选出来的，针对不同分类人群的特点，将案件分为刑事篇、人身损害赔偿篇、婚姻家庭篇、劳动争议篇、工伤事故篇、交通事故篇等几大类，富有典型性和代表性。我们组织编写这些案例，一方面是为了能够让更多的人了解法律援助制度，让困难群众学会运用法律武器，捍卫自身合法权益；另一方面是为了宣传法律援助工作，吸引更多的有志之士加入法律援助队伍，参与法律援助事业。

最后，值本书出版之际，再次感谢为法律援助事业作出贡献的社会各界人士，以及默默奋斗在法律援助第一线的法律工作者们，感谢法律援助案件承办人员和案例编辑人员，感谢为本书案例作出点评的北京中润律师事务所的律师们。希望我们携起手来，共同努力，开创北京市法律援助事业的美好明天！

吴玉华

2006年6月

目 录

刑事篇

人身损害赔偿篇

婚姻家庭篇

劳动争议篇

工伤事故篇

交通事故篇

附录

刑　事　篇

张新"非典"期间寻衅滋事案

案情

2003年5月21日，北京市海淀区人民法院公开审理了一起利用"非典"疫情实施犯罪的刑事案件，这是全国人民法院审理的第一起涉及"非典"疫情的刑事案件，也是北京市法律援助中心指派律师承办的首例法律援助"非典"刑事辩护案件。

张新（化名），男，31岁，北京市某运通有限责任公司司机。2003年4月24日，张新酒后在某超市门前购买食品后，不付货款即欲离去。当售货人员要其付款时，他先拿出一张面值100元的假币，被当场识破后，便称自己患有"非典"对售货员进行恐吓，并持水果刀予以威胁，拒不付款。货主报案后，身穿防护服的警察赶到了现场，张新还向警察声称："我是'非典'，别过来，过来就传染你。"警察将其抓获后，立刻送往医院检查。经医生诊断，张新并非"非典"病人。

海淀区人民检察院以涉嫌抢劫罪对被告人张新提起公诉。2003年5月13日，北京市法律援助中心指派北京市中孚律师事务所钱列阳律师作为被告的辩护人，承办此案。钱律师在辩护中认为，被告行为是较为典型的扰乱市场秩序的强拿硬要行为，虽然其客观上实施了"谎称感染'非典'、持刀威胁"等胁迫手段，但尚未构成抢劫罪。北京市海淀区人民法院采纳了辩护律师的意见，判决被告人张新犯寻衅滋事罪，判处有期徒刑两年。

律师点评

寻衅滋事罪，是指寻衅滋事，破坏社会秩序的犯罪。在客观方面表现为下列行为之一：(1)随意殴打他人，情节恶劣的；(2)追逐、拦截、辱骂他人，情节恶劣的；(3)强拿硬要或者任意损毁、占用公私财物，情节严重的；(4)在公共场所或者交通要道聚众斗殴，造成公共场所秩序严重混乱的。构成寻衅滋事罪的，处 5 年以下有期徒刑、拘役或者管制。

抢劫罪，是指以非法占有为目的，以暴力、胁迫或者其他方法使他人不能抗拒，强行将公私财物抢走的行为。犯抢劫罪的，根据情节轻重，处 3 年以上有期徒刑、无期徒刑或者死刑，并处罚金或没收财产。

在本案中，被告人张新的行为是较为典型的扰乱市场秩序的强拿硬要行为，虽然被告客观上实施了"谎称感染'非典'、持刀威胁"等胁迫手段，但尚未达到抢劫罪所要求的程度。海淀区人民法院充分听取了辩护律师的意见，结合本案的事实，判决被告人张新犯寻衅滋事罪，判处有期徒刑两年。

本案的典型性在于："非典"是一个很特殊的时期，在这一困难时期，保证社会公共秩序的稳定和安全十分重要。而被告人却企图从中非法获取利益，这样的行为在舆论中很可能出现人共诛之的一边倒局面。在法律援助过程中，律师以严谨、冷静的作风有效维护了当事人的合法权益；人民法院采纳了辩护律师的意见，充分体现了"以事实为依据，以法律为准绳"的法制原则，保证了裁判的法律效果和社会效果的统一。

石某故意伤害案

案情

2001年7月石某与丈夫离婚，女儿年幼，其工作至今没有着落。2004年春节期间她因琐事与邻居发生口角，盛怒之下挥刀将邻居夫妇两人砍伤。

石某被捕后，于2004年4月向看守所提出想请律师为其辩护，并通过看守所将法律援助申请书辗转交到北京市法律援助中心。这是国务院《法律援助条例》颁布实施后，北京市法律援助中心受理的第一例在刑事侦查阶段犯罪嫌疑人申请法律援助的案件。中心工作人员及时与石某的姐姐取得联系，通知其提交石某的经济困难证明等相关材料。经严格审核，中心认为石某的情况符合法律援助条件，决定给予其法律援助，同时指派中心律师承办该案。

石某陈述：2004年1月30日下午3时许，邻居金某抱着狗在楼道与其身体发生碰撞，既而双方发生口角。两人争执一番后，石某径自回到105室自己的住处。之后金某的丈夫陈某借着酒气来到105室门前，将石某家的门踢得很响，边踢边喊“开门”，然后闯入105室。当时石某正用刀切菜。陈某口吐脏言，脚踢石某小腹、头部，金某还将石某的手咬伤。互殴中，石某顺势挥刀乱砍，致使陈某、金某受伤。最后石某拨打“110”报警。

律师走访了石某的邻居，邻居均反映陈某在酗酒后经常滋事，无故指责谩骂邻居。八家邻居都出具了书面证言。律师在深入调查的基础上认真分析了案情：陈某与石某的打斗最初是发生在105室内，也就是石某的家里，且是陈某先动手，打斗的性质应为互殴。陈某作为金某的丈夫，在口角平息之后，到105室踢门喊叫，使已经平息的事情再次升级，陈某对打斗及打斗引起的后果负有不可推卸的责任。此案是因邻里之间的琐事引起的纠纷，由民事纠纷引出的刑事犯罪，具有相对的偶然性和突发性。被告石某案发后，她及时拨打"110"报警属于主动投案自首，且有认罪悔罪表现，同时也愿意按法律规定赔偿陈、金二人的经济损失，有法定的从轻情节。

2004年7月26日，石某涉嫌故意伤害一案在西城区人民法院开庭审理，中心律师的辩护意见被法院采纳，以故意伤害罪判处石某有期徒刑1年6个月。

律师点评

《法律援助条例》第11条规定，刑事诉讼中犯罪嫌疑人在被侦查机关第一次讯问后或者采取强制措施之日起，因经济困难没有聘请律师的，可以向法律援助机构申请法律援助。

根据《中华人民共和国刑法》第234条第1款规定："故意伤害他人身体的，处三年以下有期徒刑、拘役或者管制。"第67条第1款规定："犯罪以后自动投案，如实供述自己的罪行的，是自首。对于自首的犯罪分子，可以从轻或者减轻处罚。其中，犯罪较轻的，可以免除处罚。"本案中的石某过去一贯表现较好，虽因邻里之间的琐事引起纠纷，在双方打斗中伤人，但其起因却是由于陈某在酗酒后滋事，具有相对的偶然性和突发性，对于社会的危害程度较低；且石某在案发后主动投案自首，同时也愿意按法律规定赔偿陈、金二人的经济损失，具有法定的从轻情节。根据《中华人民共和国刑法》第61条规定："对于犯罪分子决定刑罚的时候，应当根据犯罪的事实、犯罪的性质、情节和对于社会的危害程度，依照本法的有关规定判处。"因此法院采纳了律师的辩护意见，以故意伤害罪判处石某有期徒刑1年6个月。

齐某故意伤害案

案情

2003年10月，北京铁路运输中级法院在一起刑事判决中认定：经审理查明，2002年9月28日18时30分许，被告人齐某在北京某机务段西门外与流浪人员王某发生争吵，王某用砖头砸了齐某头部后，齐某揪住王某的头发，将其拖至机务段西门北侧草地外，伙同流浪人员刘某和另一同案人用木棍等物殴打王某身体，直至21时许，齐某等人见王某伤重不起，遂逃离现场。经法医鉴定，王某系被用钝性物体多次反复打击躯干部及臀部，造成肋骨多发多段骨折，致创伤失血性休克死亡。北京铁路运输中级法院依法判决：被告人齐某犯故意伤害罪，判处死刑，剥夺政治权利终身。

被告人齐某以一审判决认定事实不符，量刑过重为由向北京市高级人民法院提出上诉。北京市法律援助中心依法为齐某指派铎声律师事务所王习律师为其辩护。北京市高级人民法院于2004年2月5日开庭审理了此案，辩护人发表辩护意见如下：1.无论是一审判决所认定的事实，还是二审开庭审理所印证的涉案情况都一致证实，对被害人王某的伤害行为是齐某、刘某和另一同案人三人共同实施的，而且随案证据也不能明确指认齐某个人所实施的伤害行为直接导致了被害人的死亡结果。因此辩护人认为，其伤害结果必然应由齐某、刘某和另一同案人三人共同承担，在本案其他犯罪嫌疑人未到案的情况下，一审判决以故意伤害罪判处齐某死刑属量刑过重，提请二审法院在裁量刑罚时慎重考虑，依法可以对上诉人齐某适用缓刑。

2.上诉人齐某认罪态度较好,依法亦应予以从轻处罚。2004 年 2 月北京市高级人民法院的终审判决采纳了辩护人的全部辩护意见,认为:"鉴于本案被害人死亡系三人共同实施暴力伤害行为所致,且同案人尚在审判过程中,故考虑本案的具体情节可判处齐某死刑,不立即执行。原审法院对上诉人齐某定罪正确,程序合法,唯原判决对齐某量刑不当,应予改判。"因而撤销原审判决,改判上诉人齐某犯故意伤害罪,判处死刑,缓期两年执行,剥夺政治权利终身。

律师点评

故意伤害罪是指非法损害他人身体的行为。故意伤害致人死亡与故意杀人罪的不同在于:前者行为人明知自己的行为会造成他人身体伤害的结果,并且希望或者放任伤害结果的发生,但受害人的死亡却出乎行为人意料之外,也不是行为人所希望或愿意放任其发生的;后者行为人明知自己的行为会造成他人死亡,并且希望或放任致人死亡结果发生。根据《中华人民共和国刑法》第 234 条规定:"故意伤害他人身体的,处 3 年以下有期徒刑、拘役或者管制。犯前款罪,致人重伤的,处 3 年以上 10 年以下有期徒刑;致人死亡或者以特别残忍手段致人重伤造成严重残疾的,处 10 年以上有期徒刑、无期徒刑或者死刑。本法另有规定的,依照规定。"本案被告齐某伙同两位同案人用木棍等物殴打王某身体长达两个多小时,打击的部位始终限于躯干部及臀部,表明齐某等的目的是伤害王某,而非杀死王某,但其行为最终导致被害人王某死亡,应依法判处 10 年以上有期徒刑、无期徒刑或者死刑。

《中华人民共和国刑法》第 48 条第 1 款规定:"死刑只适用于罪行极其严重的犯罪分子。对于应当判处死刑的犯罪分子,如果不是必须立即执行的,可以判处死刑同时宣告缓期两年执行。"第 61 条规定:"对于犯罪分子决定刑罚的时候,应当根据犯罪的事实、犯罪的性质、情节和对于社会的危害程度,依照本法的有关规定判处。"由于本案被害人死亡是三人共同实施暴力伤害行为所致，本案所有证据也不能明确证明齐某个人所实施的伤害行为直接导致了被害人的死亡结果，而且两个同案犯还在审理当中，再加上案件的起因是王某首先用砖头砸了齐某头部所引起，且齐某认罪态度较好，因此，二审法院酌情改判齐某死刑，缓期两年执行。

朱某抢劫案

案情

2004年6月29日，北京市永邦律师事务所律师杨若寒接受北京市法律援助中心的指派，担任故意杀人、抢劫、盗窃案被告人朱某的一审辩护人。

公诉机关指控朱某于1993年7月28日因琐事对田某产生不满将其杀害，并盗窃价值2100元的首饰；1994年3月24日朱某进入郑某家中盗窃时被其发现，将郑某杀害后抢劫财物价值计5500余元。

杨律师接受指派后，经过认真查阅案件材料、核对证据、会见当事人、分析案情等充分的准备后，发表了上万字的辩护意见。

其一，对于朱某主动交代其杀害田某和郑某的行为，公诉机关认定为“坦白”，杨律师认为朱某如实向司法机关供述自己杀害田某和郑某的罪行的时间要早于司法机关“掌握”该罪行的时间，朱某供述的是司法机关尚未掌握的罪行，完全符合《最高人民法院关于处理自首和立功具体应用法律若干问题的解释》的规定，被采取强制措施的犯罪嫌疑人、被告人和已宣判的罪犯，如实供述司法机关尚未掌握的罪行，与司法机关已掌握的或者判决确定的罪行属不同种罪行的，以自首论。朱某向司法机关供述罪行完全出于主动和自愿，而非强制和被动，尤其是朱某的自首对于司法机关纠正一起重大冤案起到了关键作用，具有十分重要的法律意义和社会意义。

其二，公诉机关指控朱某杀害田某的行为构成故意杀人和盗窃两罪，应认定为抢劫一罪。朱某在实施杀害田某的犯罪中，首先用烟灰缸砸击田某的头部致其昏迷，其后又用电线扼勒其颈部致田某死亡，随后翻检其抽屉获取首饰的行为，符合《最高人民法院关于抢劫过程中故意杀人案件如何定罪问题的批复》的规定，应认定为抢劫罪。朱某犯罪的整个过程都是围绕钱物进行的：他与田某发生口角并致杀人的动机是田某不还钱，杀人后又翻检田某的抽屉寻找钱财，得到首饰等财物后离开，这些客观行为足以证明其杀人的主观目的是为了获取财物，完全符合抢劫罪的特征。仅凭朱某供述其与被害人进行交谈即认定其构成杀人和盗窃两罪没有证据佐证。朱某杀害郑某的手段与其杀害田某的手段类似，故应认定朱某实施的整个犯罪行为为抢劫一罪。

北京市第一中级人民法院于 2004 年 7 月 15 日对本案作出判决，采纳了杨若寒律师关于朱某自首论成立的辩护意见，认定朱某主动交代司法机关尚未掌握的抢劫罪行，符合自首的构成要件，对其予以从轻处罚，判决朱某犯故意杀人罪、抢劫罪、盗窃罪，数罪并罚，判处死刑，缓期两年执行。

律师点评

本案涉及的主要法律问题是：朱某主动交代其杀害田某和郑某的行为是否构成自首？

《中华人民共和国刑法》第 67 条规定，被采取强制措施的犯罪嫌疑人、被告人和正在服刑的罪犯，如实供述司法机关尚未掌握的本人其他罪行的，以自首论。对于自首的犯罪分子，可以从轻或者减轻处罚。

《最高人民法院关于处理自首和立功具体应用法律若干问题的解释》规定，根据《中华人民共和国刑法》第 67 条第 1 款的规定，对于自首的犯罪分子，可以从轻或者减轻处罚。具体确定从轻、减轻还是免除处罚，应当根据犯罪轻重，并考虑自首的具体情节。被采取强制措施的犯罪嫌疑人、被告人和已宣判的罪犯，如实供述司法机关尚未掌握的罪行，与司法机关已掌握的或者判决确定的罪行属同种罪行的，可以酌情从轻处罚；如实供述的同种罪行较重的，一般应当从轻处罚。

本案中，朱某如实向司法机关供述自己杀害田某和郑某的罪行是司法机关尚未掌握的罪行，因此，朱某的行为构成自首，应从轻处罚。

黄涛非法拘禁他人案

案情

2005年5月26日，北京市密云县法律援助中心指派檀州律师事务所杨华民律师，为被公诉机关指控犯绑架罪的黄涛（化名）提供刑事辩护。

杨律师在经过细致调查后，很快对全部案情有了清晰的认识。因建筑承包人曹某拖欠工程款，在索债不成的情况下，本案另一被告周明（化名）于2002年1月11日伙同张杰（化名、已被判刑）、张平（化名、在逃），将曹某从密云绑架至顺义区南彩镇后奉伯村张杰承租的住房处。张平等人向曹某索要现金5万元（实欠4000元），并让曹某打“欠张平工人工资伍万元”的欠条。经电话与曹家人联系后，双方确定了交款的时间、地点。1月13日上午，周明将被告人黄涛带到张杰家，要求协助看管曹某；随后，另外几人到河北省蓟县与曹家人见面取款，后返回顺义奉伯村将曹某送回密云。

2005年6月2日上午，密云县人民法院公开审理被告人周明、黄涛绑架一案。杨律师在法庭上与公诉人展开了多轮交锋，详细阐明了自己的辩护意见。杨律师认为，被告人黄涛没有直接参与绑架，其他人讨价还价索要钱物过程他并不知情；到场后他也只听别人说曹某欠债，其本人仅是服从安排负责看管，看守期间与曹某聊天时曹也承认欠债。黄涛只是主观上明知被害人欠债，客观上应他人之邀协助看管，根据《中华人民共和国刑法》第238条第3款之规定：“为索取债务扣押、拘禁他人的，以非法拘禁罪处罚。”被告人黄涛的行为应认定为非法拘禁而非绑架。本案被告人恰恰只知道被害人欠债，而不知道其他人索取过高的财物，根据刑法理论，对于行为人为索取明显超出债务数额的财物而非法扣押、拘禁他人的，其中为索要合法债务而绑架他人的部分应定为非法拘禁罪，现有证据能够充分证明这一点，且根据黄涛在犯罪中所起的作用及以往的社会表现，应当对其从轻处罚。

2005 年 6 月 10 日，密云县人民法院认定杨律师的辩护意见与事实和法律相符，应予以采纳，最终判决被告人黄涛犯非法拘禁罪，判处有期徒刑 6 个月。宣判以后，双方均服从判决，没有提起上诉。

律师点评

确定一个人的行为构成犯罪，必须同时具备犯罪的主观方面和客观方面两个要件。查明行为人的行为具备什么样的主观罪过后，对某些具体的犯罪，法律还要求其主观方面具有特定的目的，这是划分此罪与彼罪的标志之一。

非法拘禁罪与绑架罪都有相同的客观行为，即非法剥夺他人的人身自由，但在主观方面，绑架罪须具有非法勒索财物的主观故意，而非法拘禁罪主观故意的内容则多种多样，法律不要求具有特定的目的。《中华人民共和国刑法》第 238 条第 3 款规定："为索取债务扣押、拘禁他人的，以非法拘禁罪处罚。"本案中，黄涛受周明之请，客观上为协助看管，主观上只是明知被害人欠债，并未有勒索不法财物的目的，也不知道其他人索取过高的财物，因此，应以非法拘禁罪定罪处罚。

另一方面，在整个绑架、关押、索要过高财物、取钱过程中，黄涛仅为协助看管。《中华人民共和国刑法》第 27 条规定，在共同犯罪中起次要或者辅助作用的，是从犯。对于从犯，应当从轻、减轻处罚或者免除处罚。

因此，密云县人民法院在判决中采纳了杨律师的辩护意见，最终判决被告人黄涛犯非法拘禁罪，判处有期徒刑 6 个月。

曹满妨害公务案

案情

被告人曹满(化名),男,41岁,初中文化程度,农民,家里有一个70余岁的老母亲,一个体弱多病的妻子,还有一个正在读初中一年级的孩子。本人一直靠做杂活为生,家庭生活非常困难。2001年他听别人说拉三轮可以赚钱,于是东拼西凑用300元买了一辆二手三轮摩托车,靠拉客勉强养家糊口。

2005年根据有关文件精神,城管部门开展严厉打击非法运营活动,并协调公安机关配合此次活动。2005年1月14日,当曹满再次骑着自己的电瓶三轮车进行载客时,被正在配合城管大队执行打击非法运营活动的值勤民警付强(化名)等人拦住,并依法扣押了其无照运营的电瓶三轮车。曹满多次索要未果,于是对民警付强产生不满情绪,多次到其居室门前及昌平城管大队办公地,采取往自己身上浇汽油、在付的居室门上贴恐吓纸条、挂汽油瓶等威胁手段,对付强进行威胁恐吓,后被公安机关抓获。

2005年3月11日,公安机关以曹满涉嫌妨害公务罪将此案移送至北京市昌平区人民检察院,检察院受理后,于2005年4月4日向昌平区人民法院提起公诉。公诉方认为,被告人曹满采取"威胁"的方法,阻碍国家机关工作人员依法执行职务,其行为触犯了《中华人民共和国刑法》第277条之规定,犯罪事实清楚,证据确实充分,应当以妨害公务罪追究其刑事责任。因曹满家庭困难,无力聘请律师为自己进行辩护,遂委托家人向昌平区法律援助中心提出法律援助申请。法律援助中心工作人员在详细了解全部情况后，认为曹满虽有滋事、恐吓行为，但并不构成妨害公务罪，于是受理了其法律援助申请，及时将此案指派给昌兴律师事务所律师王沛颖办理，并与王律师交换了办理此案的思路。

2005年5月13日，昌平区人民法院开庭审理了此案，昌平区法律援助中心派工作人员进行了旁听。在庭审中，辩护律师发表了自己的辩护意见，指出：1.被告人曹满在付强执行职务时并没有以任何暴力、威胁方法加以阻碍。2.就本案而言，其中的“公务”指的是城管部门的查扣行为，而查扣不法三轮车并不是公安机关的职责；作为公安机关工作人员的付强，在实施协助查扣行为时是在执行公务，但其职责在协助查扣行为结束时就已经完成了。曹满在事隔几日后实施在付强家挂汽油瓶、贴恐吓纸条的行为时，作为公安机关工作人员的付强实际上已经不再执行本案所说的“公务”职责，所以，自然也就不存在妨害公务之说了。故此，被告人曹满的行为不构成妨害公务罪。庭审后，昌平区检察院以事实、证据有变化为由，申请撤回了起诉。

律师点评

妨害公务罪是指以暴力、威胁方法阻碍国家机关工作人员依法执行职务的行为，或者故意阻碍国家安全机关、公安机关依法执行国家安全工作任务，虽未使用暴力、威胁方法，但造成严重后果的行为。本罪针对所实施的对象不同，构成犯罪的条件也不同。如果实施对象是一般国家机关工作人员、人大代表或在自然灾害和突发事件中的红十字会工作人员，要在上述工作人员执行职务的过程中实施暴力、威胁行为才构成犯罪；如果实施对象是正在执行国家安全工作任务的国家安全人员或公安人员，则即使未使用暴力、威胁方法，只要造成严重后果，也构成犯罪。

本案的关键问题是“执行公务”的界定。执行公务，是指国家机关工作人员在法律规定的范围内，运用其合法职务从事公务。本案中，公安机关配合城管大队开展打击非法运营活动的行为应属于执行公务，但在当时曹满并未采取暴力、威胁手段阻止对其车辆的收缴，也未造成任何严重后果。其后，曹满因多次索要未果产生不满情绪，数次到付强居室门前及昌平城管大队实行威胁恐吓。其恐吓行为是发生在打击非法运营活动工作完成以后，实施威胁的当时，付强和城管人员都不处于执行公务的过程中，所以不应认定为妨害公务罪。

王波故意伤害案

案情

王波(化名)是北京某技校的一名学生,男,17 岁。因涉嫌寻衅滋事罪(法律规定可判 5 年以下有期徒刑)被北京市延庆县人民检察院提起公诉。经延庆县法律援助中心指派律师为其出庭辩护,王波最终以故意伤害罪(法律规定可判 3 年以下有期徒刑)被判处有期徒刑 6 个月,缓刑 1 年。

2004 年 3 月,延庆县法律援助中心接到延庆县人民法院的指定,指派中心公职律师朱怀明为涉嫌"寻衅滋事"的被告人王波出庭辩护。2003 年 12 月的一天,王波被自己平日的好友张某叫去,说是要帮自己的哥们儿干点事儿,由于王波与张某私下关系一直不错,就爽快地答应了。随张某到了目的地,王波才意识到并不像自己想像中的那么简单,但碍于面子也没有走开。于是就出现了 10 人手持木棒追打 5 人,并造成两人轻伤的后果。

律师通过查阅卷宗、会见被告人、分析案情等一系列的精心准备,在开庭时发表了自己的辩护意见。

首先,在依据法律和遵照事实的基础上,结合本案犯罪的主观方面、客观方面、犯罪目的、犯罪对象等因素,朱律师指出:寻衅滋事罪构成要件是指在公共场所无故随意殴打他人,并且无特定对象,系破坏社会公共秩序的行为。而本案事出有因,王南(化名)的叔叔王东(化名)在延庆县某村附近承包经营一砂场,因当地农民堵路影响砂场经营,双方发生矛盾,找到自己的侄子王南,王南又通过张某找到王波等数人来到砂场附近帮助其叔叔对堵路的农民进行殴打。村民堵路直接影响砂场经营，二者之间所引发的矛盾属于正常民事纠纷而不是寻衅滋事；被告人参与在他人承包的砂场范围之内对堵路的农民进行殴打，是有特定的对象，并非扰乱社会公共秩序；被告的行为是对他人身体健康的伤害。因此王波应构成故意伤害罪。

其次，被告王波属于未成年，在实施违法犯罪过程中是受人指使，在共同犯罪中起次要辅助作用，案发后主动自首，具有法定从轻或减轻处罚情节；同时，由于被告人王波目前还在学校读书，本着教育、感化、挽救的方针，应对其使用缓刑，更有利于王波个人成长、家庭和睦及社会稳定。

最后，延庆县人民法院采纳了律师的辩护意见，以故意伤害罪判处被告人王波有期徒刑6个月，缓刑1年。

律师点评

故意伤害罪是指非法损害他人身体健康的行为，所侵害的是他人的身体健康权利，对象是特定的人，可能发生在任何地点，通常是因一定的事由或恩怨而追求给对方造成轻微伤以上的伤害；而寻衅滋事罪是指寻衅滋事，扰乱公共秩序的行为，该行为既侵犯了公共秩序，又侵犯了他人的人身权利、财产权利，所侵害的对象是不特定的人，一般只发生在公共场所，通常是基于寻求刺激的动机而无端生事。综观本案，王波等人的行为是在非公共场所、因为民事纠纷的原因、针对特定的人、以故意伤害他人健康权利为目的的行为，因此应定性为故意伤害罪。

本案中，王波作为未成年人，受人指使实施犯罪，在共同犯罪中起次要辅助作用，且案发后主动自首，具有法定从轻、减轻处罚情节。《中华人民共和国刑法》第17条第3款规定："已满14周岁不满18周岁的人犯罪，应当从轻或者减轻处罚。"第27条规定："在共同犯罪中起次要或者辅助作用的，是从犯。对于从犯，应当从轻、减轻处罚或者免除处罚。”第 67 条规定：“犯罪以后自动投案，如实供述自己的罪行的，是自首。对于自首的犯罪分子，可以从轻或者减轻处罚。其中，犯罪较轻的，可以免除处罚。被采取强制措施的犯罪嫌疑人、被告人和正在服刑的罪犯，如实供述司法机关还未掌握的本人其他罪行的，以自首论。”根据上述三条法律规定，结合《中华人民共和国未成年人保护法》所规定的对违法犯罪的未成年人实行教育、感化、挽救的方针，坚持教育为主、惩罚为辅的原则，法院采纳了律师的辩护意见，以故意伤害罪判处王波有期徒刑 6 个月，缓刑 1 年，使其能够回到学校继续学习。

大学生李某盗窃案

案情

李某系某大学自动化科学与电气工程学院四年级学生。2004年10月至11月，李某先后8次从自习教室和图书馆的存包处盗取同学的电子词典、MP3等物品，总价值为1955元。北京市海淀区人民检察院以盗窃罪对李某提起公诉，因其来自贫困地区，没有能力聘请律师，因此向海淀区法律援助中心申请法律援助。

中心指派天星律师事务所卢兴国律师承办此案。卢律师第二天就到了海淀区人民法院，联系到承办本案的尚秀云法官进行阅卷工作。经过详细阅卷和深入细致地调查后发现：李某原本是个品学兼优的好学生，自2002年5月一老乡向他借款2000元未还后，其情绪出现了一些问题，有很多反常行为，成绩也开始下降，心情总是很压抑。在了解了这些情况后，卢律师认为李某极可能患有精神疾病，应当申请精神疾病司法鉴定。经过与尚秀云法官的协商，决定由海淀区人民法院支付鉴定费。

2005年6月24日，卢律师收到相关部门的鉴定结论。李某经医学诊断为抑郁状态，作案时受抑郁情绪影响，控制能力不完全，为限制刑事责任能力人。根据鉴定结论、李某的一贯表现以及医学专家对抑郁症治疗的意见，卢律师形成了清晰的辩护思路和明确的辩护意见——“有罪减轻”，争取法庭对李某减轻处罚，使他能够早日出狱接受治疗。

6月28日，海淀区人民法院公开开庭审理了本案。卢律师从主、客观等九个方面发表了辩护意见。尤其讲明像李某这样的抑郁症患者，与其把他关到监狱里面进行改造，还不如把他放到社会上，在医院里接受治疗和心理辅导，更有利于对其教育和挽救。最后，法庭充分考虑了辩护人的意见，当庭宣布判处李某罚金1000元，没有判处李某自由刑，将其当庭释放。

律师点评

刑事责任能力是行为人能够正确认识自己行为的性质、作用和后果，并能依据这种认识而有意识地选择和控制自己的行为，从而对自己所实施的刑法所禁止的行为承担刑事责任的能力。一个人实施了刑法所禁止的危害社会的行为，还必须具有刑事责任承担能力才能予以刑事处罚。

某些行为人因精神状况、生理缺陷等原因，在实施刑法所禁止的危害行为时，虽未完全丧失辨认和控制自己行为的能力，但其能力受到一定程度的削弱，属于限制责任能力人。《中华人民共和国刑法》第18条第3款规定，尚未完全丧失辨认或者控制自己行为能力的精神病人犯罪的，应当负刑事责任，但是可以从轻或者减轻处罚。

本案中，李某经医学诊断为抑郁状态，作案时受抑郁情绪影响，控制能力不完全，为限制刑事责任能力人，且其犯罪情节轻微。这两方面的因素为律师争取对李某减轻处罚提供了事实依据。最终，法庭采纳了律师的辩护意见，从真正有利于犯罪人的改过自新、重新做人，从而实现刑罚目的的角度出发，只判处李某罚金1000元。

当今社会，大学生由于不能承受各种挫折、压力，甚至是小小的不顺利，而引发犯罪或其他恶性后果的事件时有发生，这一方面需要大学生树立正确处理挫折、压力的观念和态度，另一方面也需要各有关方面重视该问题。在问题发生后，不是简单处理，而是依法进行有效地教育和挽救，使其成为对国家和社会有用的人。

孟某、徐某盗窃案

案情

孟某和徐某都出生于 1987 年，是初中时的同班同学，两人平时都喜欢研究电脑，徐某还参加过全国机器人程序设计大赛，就是这样两个很有潜质的孩子却走上了歧途。2004 年 1 月和 8 月，他们两次盗窃网吧电脑的配件。经鉴定，二人盗窃的电脑硬件价值 1500 余元，属盗窃数额较大。2004 年 8 月 21 日，二人因涉嫌盗窃罪被北京市西城区公安分局刑事拘留。2004 年 9 月 3 日，二人的材料被移送至北京市西城区人民检察院。

2004 年底，北京市西城区人民检察院和西城区司法局启动了联合开展未成年人刑事起诉阶段法律援助的机制，于是，两份法律援助申请书送到了西城区法律援助中心。中心决定为两位未成年人提供法律援助，指派北京市中实律师事务所律师屈京德和北京市翔实律师事务所律师郭兴昌承办此案。

两位律师结合案件情况进行了分析，把争取“以情节显著轻微为依据，建议检察机关不起诉”作为方向展开了工作。两位律师对孩子进行了教育，告诉他们要积极配合检察院的工作，深刻反省自己的行为；之后，又联系孩子家长，说服家长积极退赔被害人的经济损失。2005 年 1 月 20 日，两位律师向西城区人民检察院递交了法律援助律师意见书，希望检察机关在开展工作中本着对未成年人教育、帮助、挽救的方针，对孟某、徐某从轻或减轻处罚。

2004 年 12 月，西城区人民检察院推荐两个孩子去北京市第二聋人学校参加社区矫正，以帮助他们更深刻地认识自己的错误，更清醒地思考今后的方向。两个孩子在社区矫正活动中体会到了辛劳之后的快乐，深刻认识到自己从前的莽撞行为所引发的不良后果。

两个孩子的良好表现使他们顺利通过了社区矫正考评会。2005年1月31日，北京市西城区人民检察院作出决定，对两名犯罪嫌疑人不起诉，不起诉决定书中完全采纳了法律援助律师的意见。两名失足少年得到了应有的教育，同时也获得了改过自新的机会，重新回到了校园。

律师点评

社区矫正是与监禁矫正相对的行刑方式，是指将符合社区矫正条件的罪犯于社区内，由专门的国家机关在相关社会团体和民间组织以及社会志愿者的协助下，在判决、裁定或决定确定的期限内，矫正其犯罪心理和行为恶习，并促进其顺利回归社会的非监禁刑罚执行活动。但在我国，社区矫正还不是法定的刑罚方式，而只是处于试点阶段。从2003年下半年开始，北京、天津、上海、江苏、浙江和山东六省市相继开展了社区矫正试点工作。目前，社区矫正试点已扩大至18个省市，实践上也有了很多的突破。

在本案中，孟某和徐某盗窃的电脑硬件价值1500余元，虽已达到盗窃数额较大，构成盗窃罪，但其还是未成年的在校学生，且两次盗窃的总金额只略高于北京市规定的盗窃数额较大的起点数额，而低于最高人民法院规定的盗窃数额较大起点数额的上限值，犯罪情节轻微，并在案发后积极退赔了被害人的经济损失。根据《中华人民共和国刑法》第37条规定，对于犯罪情节轻微不需要判处刑罚的，可以免予刑事处罚。因此，检察机关在起诉前推荐孟某和徐某参加社区矫正，并在对他们进行社区矫正后，根据考评结果作出了不起诉的决定。

根据2003年司法部发布的《关于开展社区矫正试点工作的通

知》,社区矫正的对象主要是被判处管制、缓刑、假释、监外执行、剥夺政治权利的五种罪犯,而本案的处理方式则突破了上述规定的限制,是对社区矫正工作所作的一种新的探索,为社区矫正工作的开展积累了新的经验,并取得了较好的社会效果。

张乙盗窃案

案情

被告人张乙(化名),于2004年6月19日因涉嫌盗窃罪被北京市公安局大兴分局逮捕;同年7月30日,大兴区人民检察院以被告人张乙犯盗窃罪向大兴区人民法院提起公诉。因张乙是未成年人,符合法律援助条件,大兴区法律援助中心将此案指派给了华实律师事务所的李彦宗律师。李律师在接到指派后,去看守所会见了被告人,了解了案情和当事人的相关情况。

张乙自幼父母离异,跟随父亲生活。在他8岁那年,父亲再婚,然而继母并不喜欢沉默寡言的张乙,使得他在童年生活中从未感受过家庭的温暖。在这种环境下长大的张乙性格十分孤僻,不喜欢与人交流。初中毕业后,他既没有继续上学,也没有找工作,一直在社会上游荡。在这期间,他认识了一个叫王甲(化名)的男孩,彼此成了很要好的朋友。

2004年5月,家境贫寒的王甲与张乙商量,想去偷车卖了弄点儿钱花。对于朋友的提议,张乙连想都没想便点头答应了。5月27日夜间,他们二人在大兴区黄村镇滨河坊小区盗窃了一辆白色松花江牌面包车(价值人民币4086元);28日又与另一同伙一起在大兴区人民医院停车场内盗窃一辆白色昌河牌面包车(价值人民币4530元)。5月29日,二人被北京市公安局大兴分局刑事拘留。

弄清张乙的犯罪背景后,李律师为他的盗窃案制定了有针对性的辩护方针,既要查明犯罪原因,发挥好辩护人的正面作用,又要通过认真细致的法制教育，使被告人能真正认识到自己行为的社会危害性，吸取教训，重新做人。在庭审中，李律师围绕犯罪时未成年、初犯、认罪态度良好等五点提出了辩护意见，并举证证明张乙在盗窃过程中起次要作用，为从犯，建议法院在量刑时给予减轻处罚。2005年6月，大兴区人民法院通过审理，采纳了李律师的全部辩护意见，减轻了对张乙的处罚，最终判处有期徒刑10个月，并处罚金人民币1000元。

律师点评

本案是典型的未成年人共同犯罪案件。共同犯罪是指两人以上共同故意犯罪，但这里的两人不是泛指一切人，而必须是达到刑事责任年龄、具有刑事责任能力的人。本案中的王甲和张乙有共同犯罪的故意，且已实施共同的盗窃行为，构成盗窃罪的共犯，但张乙是在王甲的提议下实施的盗窃行为，在整个盗窃过程中起辅助作用，所以是从犯。根据《中华人民共和国刑法》第27条规定："在共同犯罪中起次要或者辅助作用的，是从犯。对于从犯，应当从轻、减轻处罚或者免除处罚。"张乙作为从犯应当减轻处罚。

《中华人民共和国刑法》第17条第1款规定："已满16周岁的人犯罪，应当负刑事责任。"该条第3款规定："已满14周岁不满18周岁的人犯罪，应当从轻或者减轻处罚。"张乙伙同王甲两次偷盗机动车，且数额较大，其行为已构成盗窃罪，应当负刑事责任。但由于其是未成年人，所以应从轻或减轻处罚。

目前，未成年人犯罪问题已经成为不容忽视的一个社会问题。首要原因是未成年人大多数不懂法律；其次，影响未成年人成长的不利因素众多，比如家庭环境、社会环境等。这就需要家庭、学校等社会各界进一步做好未成年人的普法教育工作，使他们首先做到知法，进而做到守法；同时，给他们创造良好的家庭环境和社会环境，这样才能从根本上解决未成年人犯罪问题。

人身损害赔偿篇

赵某人身损害赔偿纠纷案

案情

2001年10月25日，赵某在为北京市丰台区环卫中心建垃圾房时，临近垃圾房工地的东高地街道办事处所属的房屋墙壁突然倒塌，将其砸伤。后经北京博爱医院诊断：腰椎体爆裂骨折，圆锥马尾损左胫腓骨双骨折，左距骨骨折。赵某住院期间，雇主宋某支付了大部分医疗费和生活费用，但与赵某实际损失和继续治疗费用数额相差悬殊。2002年3月2日，因无力负担巨额的医疗费用，赵某被迫出院返回河南老家。回家后，赵某生活不能自理，整日卧床不起，大小便失禁。赵某的两个孩子尚未成年，还有老人需要赡养，家庭不仅失去了经济来源，而且因看病债台高筑。

赵某的妻子李玲从广播中得知北京市法律援助中心专门为经济困难的人打官司，便于2002年9月29日专程从河南来到北京申请法律援助。市法律援助中心认为案情重大，当即向当事人签发了法律援助决定书，并指派国众律师事务所赵永煊律师承办此案。

2002年10月，法律援助中心的两名公职律师放弃了国庆休假，到丰台区人民政府东高地街道办事处、丰台区环卫中心及北京博爱医院调查取证，找现场目击证人了解案情，确定丰台区人民政府东高地政府街道办事处、雇主宋某、丰台区环卫中心三名被告，并诉至丰台区人民法院，要求三被告支付医疗费、二次手术费、误工费、残疾人生活补助费等合计人民币43万元。

此案审理过程中，对赵某的伤残程度再次进行了法医鉴定。

2003年4月2日,经北京市法庭科学技术鉴定研究所鉴定,赵某目前的伤残程度属二级(伤残率90%)。赵永煊律师在"非典"来临之际,不顾个人安危,再次来到北京博爱医院调查取证。医院根据赵某的伤残状况出具了进一步治疗意见书,在征得赵某的同意后,将诉讼请求提高到80余万元。

法院根据查明的事实认定:东高地街道办事处所属的市场挡风墙严重违反了国家规定的建筑标准,倒塌并造成赵某受伤致残,东高地街道办事处对造成的损害后果应承担法定赔偿责任。雇主宋某、丰台区环卫中心作为垃圾房的承发包双方,对东高地街道办事处所有的墙体倒塌没有过错,不应承担赔偿责任。2003年6月9日,丰台区人民法院依法判决被告丰台区东高地街道办事处一次性赔偿赵某医疗费、住院期间伙食补助费、交通费、误工费、护理费、残疾者生活补助费等合计人民币60余万元。

律师点评

处理人身损害赔偿案件,应从有无人身损害的后果、被要求承担赔偿责任的主体的行为有无违法性、损害后果与责任主体行为之间有无因果联系、责任主体主观上有无过错等方面来确定被告(责任主体)是否应承担民事赔偿责任。

本案中,赵某遭受的人身伤害完全是因东高地街道办事处所属的市场挡风墙严重违反了国家规定的建筑标准,倒塌所致东高地街道办事处应对造成的损害后果承担全部法定赔偿责任。而雇主宋某、丰台区环卫中心,对东高地街道办事处所有的墙体倒塌没有过错,不应承担赔偿责任。

人身损害赔偿案件另一个重要的内容就是确定赔偿项目和赔偿数额。在2004年5月1日前,不同类型的人身损害因为相关的法律依据不同,在赔偿项目及标准上有所不同。1990年8月北京市高级人民法院发布《关于审理人身损害赔偿案件中几个问题的处理意见》,2000年7月11日又根据实践需要发布《关于审理人身伤害赔偿案件若干问题的处理意见》,对相应时期北京地区各级人民法院审理人身损害案件的赔偿项目及标准等作了相应规定。自2004年5月1日后人身损害赔偿主要依据《最高人民法院关于审理人身损害赔偿案件适用法律若干问题的解释》。

本案中,根据当事人的请求,法院依法判决被告丰台区东高地街道办事处一次性赔偿赵某医疗费、住院期间伙食补助费、交通费、误工费、护理费、残疾者生活补助费等合计人民币60余万元。通过法律援助律师的调查取证和诉讼代理工作,受害人的合法权利得到了有效的维护。

纪华人身损害赔偿纠纷案

案情

纪华（化名），女，45岁，出生在北京平谷农村。1979年10月，纪华和同事们像往常一样到本村机砖场制砖机组上班，在生产间隔阶段，正当纪华按工序清理制砖机传动工作面的时候，同事无意中触动了制砖机启动开关，正在工作的纪华右手臂被卷入机器中，整个右臂完全丧失劳动功能和感知功能。二十多年来，这只残臂伴随她组成家庭，成为妻子和两个孩子的母亲；对纪华因公致残的补偿，也历经了从80年代每年给相当于一个人平均工分，到90年代农村经济体制改革后每年给付现金一百余元，最终到2003年度涨至1400元的漫长过程。

2004年，由于残臂萎缩严重影响了纪华的生活，她进行了全右臂整体截肢，村委会仅负担了其截肢医疗费。根据本人及家庭的实际情况，纪华向村委会提出一次性解决赔偿事宜请求，但双方未能达成一致意见。为维护自己的合法权益，2005年1月7日，纪华在儿子的陪同下踏进了平谷区法律援助中心，寻求法律援助。法律援助中心受理该案，并及时指派了经验丰富的北京市时雨律师事务所付学军律师承办此案。

由于纪华因公受伤的年代距今长达25年之久，为了妥善合法解决本案，减少当事人的诉累，法律援助中心的工作人员与付学军律师专门研究此案，寻找案件突破口，确定合理的诉讼请求。首先，针对年代久远，以2004年11月截肢手术是基于最初的损伤引起的事实及村委会一直向纪华支付补偿金、医疗费的事实，排除诉讼时效的障碍；其次，以农村的劳动者不适用于《劳动法》，而排除村委会可能提出的劳动争议先行裁决的可能性；最后，根据实际拟出索赔 20 万元的诉讼请求（含精神损失费）。

为使本案顺利解决，付律师根据案件性质、致害原因、当事人间的关系、村委会的负担能力等情况，拟定了以调解为主的解决方案。因纪华此前没进行残疾等级鉴定，只有中国残疾人联合会颁发的残疾证，其中记载其为“二等残疾”。调解时对残疾等级认定是索赔的主要问题，是否能与对方达成一致，关键是取得对方当事人的同意和理解。为此，付律师在前述办案原则基础上又制定了详细的工作计划、方法，在当事人之间做了大量的调解工作。

最终，该案在平谷区人民法院的主持下，一次开庭就以调解方式结案，村委会同意分期赔偿纪华人民币共计 14 万元。

律师点评

根据《中华人民共和国劳动法》第 2 条规定：“在中华人民共和国境内的企业、个体经济组织（以下统称用人单位）和与之形成劳动关系的劳动者，适用本法。”本案中的纪华虽属于因工负伤，但由于村（当时应为生产队）既不是企业也不属于个体经济组织，因此本案不适用《劳动法》，可不经劳动仲裁程序而直接向法院提起诉讼。根据《最高人民法院关于审理人身损害赔偿案件适用法律若干问题的解释》第 11 条规定，雇员在从事雇佣活动中遭受人身损害，雇主应当承担赔偿责任。纪华在本村的机砖场制砖机组工作期间受伤致残，应由村委会承担赔偿责任。

《中华人民共和国民法通则》规定，身体受到伤害要求赔偿的诉讼时效期间是 1 年，诉讼时效因提起诉讼、当事人一方提出要求或者同意履行义务而中断，从中断时起，诉讼时效期间重新计算。诉讼时效期间从知道或者应当知道权利被侵害时起计算。但是，从权利被侵害之日起超过20年的，人民法院不予保护。有特殊情况的，人民法院可以延长诉讼时效期间。本案中，村委会一直向纪华支付补偿金、医疗费，时间达25年之久，虽然从纪华受伤时起已超过20年，但由于直到2004年纪华才因当年工伤所导致的残臂萎缩而进行了全右臂整体截肢，根据《最高人民法院关于贯彻执行〈中华人民共和国民法通则〉若干问题的意见》第168条规定："人身损害赔偿的诉讼时效期间，伤害明显的，从受伤害之日起算；伤害当时未曾发现，后经检查确诊并能证明是由侵害引起的，从伤势确诊之日起算。"因此，本案并未超过诉讼时效期间。但由于残疾赔偿金的确定要依据残疾等级鉴定，而纪华此前没有进行残疾等级鉴定，这将对其索赔造成障碍，在这种情况下，办案律师拟定以调解为主的解决方案有利于案件的顺利解决。

宋某人身损害赔偿纠纷案

案情

宋某是北京市昌平区百善镇一农民，双眼视力均不足0.01，其妻为智力残疾，现有一个4岁的女儿。由于缺乏劳动能力，整个家庭仅靠每月农村低保的200元钱维持生活。宋某虽然视力残疾但脑袋瓜儿好使、敢说话，村里个别人就是看中他这一点，鼓动他带头闹事。2004年宋某在他人指使下以农村某些领导干部的腐败问题、村集体的土地问题、集体财产的流失等为由，带着一部分群众到村委会讨说法，遭到本村村民苏某的殴打，造成双侧鼻骨骨折，左右眼眼眶内壁骨折，多处软组织损伤等，住院治疗26天。

事件发生后，宋某认为各级政府包庇打人者，不给解决问题，他带领村民到镇政府、区政府、市政府上访，人数最多时达几十人，后来竟领着残疾的媳妇和年幼的孩子到中南海去上访，严重影响了社会稳定。从越权上访到影响政府正常工作，宋某在当地都出了名，人称"滚刀肉"。后来，经他人介绍就人身损害赔偿问题来到了昌平区法律援助中心，当时宋某满脸伤痕，情绪异常激动，提出要严惩苏某，并要求巨额赔偿，否则继续上访。法律援助中心的工作人员根据宋某的实际困难决定给予援助，指派中心公职律师李颖为其代理此案。在办理过程中，李律师对宋某动之以情、晓之以理，明确告诉他哪些要求是合理的，是可以得到赔偿的，哪些是不合理，是得不到法律支持的。通过耐心细致的说服教育工作，宋某不但彻底放弃了再次上访的念头，而且还将其他群体上访的信息告诉了法律援助中心。由于信息准确、采取措施得力，有效避免了这次群体上访的发生。

李颖律师在做好安抚工作的同时，积极收集有关证据，向昌平区人民法院提起诉讼，要求苏某赔偿医疗费、误工费等各项损失。最终经过三次协商，双方达成一致意见，苏某除赔偿宋某医药费、误工费、护理费、交通费等各项损失外，再赔偿宋某人民币 1 万元。

律师点评

有些群众常会有一些错误的认识，以为只有通过上访才能解决问题，甚至认为上访的级别越高就越容易解决问题，而事实上并非如此。根据《信访条例》的规定，信访工作机构对已经或者依法应当通过诉讼、仲裁、行政复议等法定途径解决的事项不予受理，信访人应当依照有关法律、行政法规规定程序向相关机关提出。《信访条例》还规定，多人共同信访的，应当推选代表，代表人数不得超过 5 人；信访应当向依法有权处理的本级或者上一级机关提出；信访事项已经受理或者正在办理的，信访人在规定期限内向受理、办理机关的上级机关再提出同一信访事项的，该上级机关不予受理。

本案中，宋某遭到本村村民苏某殴打所造成的伤害，完全可以通过法律手段得到人身损害赔偿，但其最初却采取了错误的解决方式，以为凭着越级上访对政府施压可以解决问题，但结果却并不能如愿。直到后来他通过法律援助才讨回了公道，并真正了解到法律才是维护自己利益的最有力的武器。

根据相关法规的规定，受害人遭受人身损害，因就医治疗支出的各项费用以及因误工减少的收入，包括医疗费、误工费、护理费、交通费、住宿费、住院费、住院伙食补助费、必要的营养费乃至受到的精神损害，都有权要求赔偿义务人予以赔偿。因此最终苏某除赔偿宋某医药费、误工费、护理费、交通费等各项损失外，又赔偿了宋某 1 万元。法律援助不但使没有经济条件的人得到了法律上的帮助、维护了自己的合法权益，而且使以前不懂法的人走上了正确维护其合法权利的道路。

林某人身损害赔偿纠纷案

案情

1985年2月4日9时许，不满5岁的林某跟随父亲回家，在途经某矿务局煤矿总务科生活斜坡时，恰有煤矿职工开动绞车给820汽炉运煤饼回拉空车造成超载行为，信号工在明知超载的情况下，给了运行信号，导致在回拉空车过程中绞车钢丝绳脱轨，将停在路旁等候的林某及其父等人抽倒致伤。事故导致林某高位截瘫，卧床不起。事故发生后，煤矿积极为林某看病治疗，并支付了林某部分医药费用及护理费用。但多年来，由于缺乏法律维权的意识，林某并没想到通过诉讼途径为自己讨个说法。18年后，随着林某年龄的逐渐增长，医疗支出越来越大，其家庭已承担不起与日俱增的各种费用。于是，林某到残疾人法律援助中心寻求帮助。中心根据林某情况决定受理该案，并指派隆平律师事务所卢子明律师承办此案。

在卢律师的帮助下，林某将煤矿诉至房山区人民法院，同时申请鉴定机构对其伤残进行鉴定。鉴定结果为：双下肢截瘫（胸7—8），脊髓损伤，遗留脊髓软化、囊变致双下肢截瘫（肌力0），参照有关标准，林某伤残属二级（伤残率90%）。

经过精心准备，律师在掌握大量证据的前提下，根据林某的实际生活状况，决定先行调解。最终，在房山区人民法院的主持下，双方当事人自愿达成协议：被告某煤矿赔偿原告林某医疗费、鉴定费、护理费、误工费、残疾者生活补助费、残疾用具费、残疾赔偿金（精神抚慰金）共计人民币685446元；案件受理费由被告负担。

律师点评

《中华人民共和国民法通则》规定人身损害赔偿的诉讼时效是1年，但从权利被侵害之日起超过20年的，人民法院不予保护。有特殊情况的，人民法院可以延长诉讼时效期间。本案中，林某虽然是过了18年才向法院起诉，但其受伤后，煤矿积极为其看病治疗，并支付了部分医药费用及护理费用。在18年里，林某虽未通过诉讼途径为自己讨个说法，但并没有停止向煤矿主张权利，煤矿也始终对此予以认可。根据《最高人民法院关于贯彻执行〈中华人民共和国民法通则〉若干问题的意见》第173条规定："诉讼时效因权利人主张权利或者义务人同意履行义务而中断后，权利人在新的诉讼时效期间内，再次主张权利或者义务人再次同意履行义务的，可以认定为诉讼时效再次中断。"因此林某并未超过诉讼时效，法院对其诉讼请求应予支持。

本案由于是在2004年5月1日《最高人民法院关于审理人身损害赔偿案件适用法律若干问题的解释》施行前审理结案的，适用的法律依据主要是2001年3月10日施行的《最高人民法院关于确定民事侵权精神损害赔偿责任若干问题的解释》及2000年7月11日北京市高级人民法院发布的《关于审理人身伤害赔偿案件若干问题的处理意见》。本案中，煤矿在事故发生后虽已为林某支付了部分医药费用及护理费用，但林某后续的治疗费、鉴定费、残疾者生活补助费、残疾辅助器具费和残疾赔偿金等也应由煤矿予以赔偿。

许刚人身损害赔偿纠纷案

案情

2004年6月，北京市密云县太师屯镇太师庄村17岁少女许晓（化名），来到密云县法律援助中心申请法律援助，为其死去的父亲讨说法，为自己、为又聋又哑且智力残疾的母亲和患精神病的姐姐讨公道。

据许晓介绍：其父许刚（化名）于2004年1月5日到邻居何某家帮忙劈木柴，干活时被崩起的木柴碰伤左前额，缝合三针。在何家吃晚饭时又与另一村民王某言语不和，争执间摔倒在地，头部磕出血并失去知觉，由邻居将他抬回家。夜里去厕所时，因意识不清下台阶时摔倒，磕伤右眼角。第二天伤势加重被送往密云县医院住院治疗，1月30日医治无效死亡。许晓觉得父亲死得冤，应该有人负责，于是向密云县公安局刑侦大队报案。经北京市公安局法医鉴定中心鉴定，许刚死亡是因头外伤致颅脑损伤引起，但不能具体认定是何种外伤致死。

父亲走了，家里的顶梁柱倒了，剩下既聋又哑且智力残疾的母亲和患精神病的姐姐，全部生活重担就压在17岁的许晓身上，靠她做临时工和姐夫的一点收入维持家庭生活。但许晓没有放弃，哪怕只有一丝希望，她也要试一试。抱着这种想法，许晓来到密云县法律援助中心，中心主任审查了她所携带的密云县医院出具的诊断证明、死亡证明书、医药费单据、北京市公安局法医检验鉴定中心出具的尸体检验鉴定书等全部资料，鉴于其家庭和案件本身的特殊情况，决定给予法律援助，并指派檀州律师事务所杨华民律师为其诉讼代理人。

杨律师承办此案后，积极与公安机关办案人员取得联系，并做了大量的调查取证工作，认为造成许刚之死这一后果，首先是在被告何某家帮忙劈柴时左额受伤；其次是与被告王某发生口角并在争执中头部倒地磕伤；最后是因自己从台阶摔下。正是以上三种行为间接结合发生了许刚死亡的这一损害后果。对多因一果的损害赔偿，应当根据各方在事件中的过失大小或者原因力比例各自承担相应的赔偿责任。综观全案，此次事件，许刚应当承担主要责任，被告王某和何某也应承担次要责任。

经过三次开庭审理，2004 年 11 月 22 日，密云县人民法院太师屯法庭判决被告何某赔偿原告经济损失 12863 元，判决被告王某赔偿经济损失 39590 元。本案宣判后，两被告提出上诉，杨律师再次接受法律援助中心指派，继续为许晓母女三人提供法律援助。2005 年 1 月底，北京市第二中级人民法院作出终审判决，维持原判。

律师点评

本案的特殊之处在于死者许刚在一天之内头部三次受伤，并最终死于因头部外伤所导致的颅脑损伤，但不能具体认定是哪一次外伤致死。在这种情况下，应根据公平责任原则，将许刚的死亡看做是三次伤害结合导致的，由分别造成其三次受伤的各方当事人根据过失大小或者原因力比例各自承担相应的赔偿责任。

在本案中，许刚帮何某家劈柴，被崩起的木柴碰伤左前额，属于意外事故，何某对此并无过错，但根据《最高人民法院关于贯彻执行〈中华人民共和国民法通则〉若干问题的意见》第 157 条规定："当事人对造成损害均无过错，但一方是在为对方的利益或者共同的利益进行活动的过程中受损害的，可以责令对方或者受益人给予一定的经济补偿。"《最高人民法院关于审理人身损害赔偿适用法律问题的若干解释》第 14 条也规定："帮工人因帮工活动遭受人身损害的，被帮工人应当承担赔偿责任。被帮工人明确拒绝帮工的，不承担赔偿责任;但可以在受益范围内予以适当补偿。"故邻居何某应对许刚的第一次受伤承担赔偿责任。许刚与村民王某争执中摔倒在地,对此双方均有过错,根据《中华人民共和国民法通则》第131条规定:"受害人对损害的发生也有过错的,可以减轻侵害人的民事责任。"故王某应对许刚头部受到的第二次伤害承担部分赔偿责任。因此法院判决何某及王某赔偿许刚家人的经济损失无疑是正确的。

于某人身损害赔偿纠纷案

案情

于某,64 岁,在王某承包的某公路工程的工地上做小工。2005 年 4 月 30 日,王某在承包公路的工程施工当中,以每趟 15 元的价格雇用李某为其拉水。当李某驾驶的农用三轮车为工地拉完水掉转车头时,不慎掉进了路边的坑里,无法驶出。李某要求王某派人帮助推车,王某遂派原告于某等 5 人为李某推车。在推车过程中,李某的车中途再次滑落坑内,恰巧砸在一根木杠上,木杠将于某击倒使其受伤,由于伤情严重,当天下午便被送至医院进行治疗,后诊断为:左肩锁关节脱位,左第三根肋骨骨折。现于某伤情基本恢复,但已经致残,不能参加重体力劳动。

于某受伤后,造成医疗费、误工费、交通费、护理费等经济损失共计 15000 多元,在多次向王某、李某索要赔偿费没有音信的情况下,到法律援助中心申请法律援助,中心工作人员帮其办理相关法律援助和诉讼手续,代写诉状、代理词、免交诉讼费申请书并搜集证据,向北京市怀柔区人民法院提起了诉讼。

2005 年 9 月 22 日,怀柔区人民法院对于某诉王某、李某人身损害赔偿一案进行了审理。法庭上,两名被告人均对于某帮忙推车受伤一事推卸责任,都辩称自己没有叫于某帮忙推车,对当时的情况不清楚,不知道于某为什么去推车。

中心工作人员在法庭上说明:1. 于某在王某处打工,王某是承包人,应该对其雇用工人的生产、施工安全负责。2. 于某帮忙推车是助人的善意行为，李某是直接受益人，王某属于间接受益，如果李某的车推不出来，就无法给王某的工地拉水，王某承包工程的进度将受到影响。3. 于某只是负责和灰的小工，如果王某和李某不请他帮忙，他是不会去的；退一步讲，即使于某是路过受伤，或者是主动助人为乐做好事帮助其推车而受伤，他们也要负责。《中华人民共和国民法通则》第 132 条规定，当事人对造成损害都没有过错的，可以根据实际情况，由当事人分担民事责任。《最高人民法院关于贯彻执行〈中华人民共和国民法通则〉若干问题的意见》第 157 条规定，当事人对造成损害均无过错，但一方是在对方的利益或者共同的利益进行活动的过程中受到损害的，可以责令对方或者受益人给予一定的补偿。根据以上两点，在此事件中两名被告人属于受益人，依法应当对原告给予经济赔偿。此外，法律援助中心工作人员还代原告向法庭要求对于某的伤情进行伤残鉴定，要求两名被告人按照伤残鉴定结果给付其伤残赔偿金。

怀柔区人民法院主审法官采纳了法律援助中心工作人员的代理意见，及时进行调解，双方最终达成调解协议，在于某未做伤残鉴定的情况下，被告王某和李某同意按照十级伤残的标准给付于某各项赔偿款共计 28000 元，在 5 个月内分两次给付完毕。怀柔区人民法院出具了民事调解书，一场为时半年的纷争得到圆满解决。

律师点评

根据《最高人民法院关于审理人身损害赔偿案件适用法律若干问题的解释》第 11 条规定，雇员在从事雇佣活动中遭受人身损害，雇主应当承担赔偿责任。该解释第 15 条还规定，为维护国家、集体或者他人的合法权益而使自己受到人身损害，因没有侵权人、不能确定侵权人或者侵权人没有赔偿能力，赔偿权利人请求受益人在受益范围内予以适当补偿的，人民法院应予支持。本案中的于某是在李某的农用三轮车掉进路边的坑里无法驶出的情况下，受王某的指派，在帮助李某推车的过程中受伤的，因此雇主王某和受益人李某应对于某因受伤所受的经济损失承担赔偿和补偿责任。

根据《最高人民法院关于审理人身损害赔偿案件适用法律若干问题的解释》第17条规定，受害人遭受人身损害，因就医治疗支出的各项费用，及其因误工减少的收入，包括医疗费、误工费、护理费、交通费、住宿费、住院伙食补助费、必要的营养费，赔偿义务人应当予以赔偿。受害人因伤致残的，其因增加生活上需要所支出的必要费用，以及因丧失劳动能力导致的收入损失，包括残疾赔偿金、残疾辅助器具费、被扶养人生活费，及其因康复护理、继续治疗实际发生的必要的康复费、护理费、后续治疗费，赔偿义务人也应当予以赔偿。据此，王某和李某不仅应支付于某因受伤所造成的医疗费、误工费、交通费、护理费等经济损失15000多元，还应在于某进行伤残鉴定后根据其伤残等级支付相应的伤残赔偿金。本案中，于某伤情恢复后已不能参加重体力劳动，因此经法院调解，王某和李某最终同意按照十级伤残的标准给付于某伤残赔偿金，使本案得以尽快解决。

王朝人身损害赔偿纠纷案

案情

王朝(化名)是一名中学生,不久前他在体育课上跑步时突然倒地,经北京市急救中心抢救无效身亡。突发的事故给这个家庭带来巨大悲痛的同时,其父母向学校提出:儿子是在学校上课时死亡的,学校应承担责任并给予经济赔偿。后经医院解剖证明,王朝患有先天性疾病,是运动诱发了该病发生导致其猝死。面对家长的请求,学校也很为难。双方多次商谈未果,在僵持不下的时候,学校提出先找法律部门咨询一下。于是,双方来到北京市东城区法律援助中心进行咨询,负责接待的同志耐心地给他们分析了事故产生的原因、可能引起的法律后果,从民事方面讲解了责任如何划分、如何赔偿,以及寻求法律帮助的途径等。经过一番工作,终于促使双方和解达成了协议,学校出于人道主义精神,给王朝家长补偿了一定数额的慰问金,家长也表示接受。为了使协议能顺利地履行,避免将来可能引起法律纠纷,东城区公证处为双方办理了协议公证书,对双方达成的意思表示、慰问金数额等内容进行了公证,学生家长和学校拿到公证书后非常满意。法律援助的及时有效介入,让双方明确了各自的权利义务,协议的公证使协议的执行有了法律保障。

因学生运动猝死引发的这场纠纷能够最终得到圆满的解决是源于法律援助中心建立了处置突发事件的有效机制,充分发挥该中心的指导、协调作用,合理利用辖区内律师事务所、公证处资源,实现三方有效联动,在突发事件中及时为群众解决涉及的法律问题。

律师点评

本案实际上涉及了很多人认识上的一个误区，许多人都以为，学校是学生的临时监护人，而事实上学校只对学生负有教育、管理和保护的职责，而并不承担监护责任。教育部制定的《学生伤害事故处理办法》第7条明确规定："学校对未成年学生不承担监护职责，但法律有规定的或者学校依法接受委托承担相应监护职责的情形除外。"

当然，上述规定并不代表学生受到伤害时学校不承担任何责任，而是说学校对于学生所受伤害不承担无过错责任。根据《最高人民法院关于贯彻执行〈中华人民共和国民法通则〉若干问题的意见》第160条规定："在幼儿园、学校生活、学习的无民事行为能力人，或者在精神病院治疗的精神病人，受到伤害或者给他人造成损害，单位有过错的，可以责令这些单位适当给予赔偿。"《最高人民法院关于审理人身损害赔偿案件适用法律若干问题的解释》第7条规定："对未成年人依法负有教育、管理、保护义务的学校、幼儿园或者其他教育机构，未尽职责范围内的相关义务致使未成年人遭受人身损害，或者未成年人致他人人身损害的，应当承担与其过错相应的赔偿责任。"《学生伤害事故处理办法》第9条也规定："学生有特异体质或者特定疾病，不宜参加某种教育教学活动，学校知道或者应当知道，但未予以必要的注意，造成学生伤害事故的，学校应当依法承担相应的责任。"从本案案情介绍显示，王朝患有先天性疾病，是运动诱发了该病导致其猝死，而王朝生前显然并未查出该病，学校当然也无法预知其不能进行剧烈运动；并且在事故发生后，学校立即联系120对王朝进行急救，采取了必要的措施，尽到了应尽的义务。因此，虽然王朝发病是由于他在体育课上跑步所致，但其猝死属于意外事件，学校对此没有过错，依法不应当承担民事责任。

但王朝的父母中年丧子，承受了巨大的不幸，又确实需要对其进行抚慰，在此情况下，法律援助中心的同志通过耐心细致的工作，促使双方达成了和解协议，学校出于人道主义精神，根据《学生伤害事故处理办法》第26条“学校无责任的，如果有条件，可以根据实际情况，本着自愿和可能的原则，对受伤害学生给予适当的帮助”的规定，给王朝的父母补偿了一定数额的慰问金，使这起因学生运动猝死而引发的纠纷最终得到了圆满的解决。

杨丽人身损害赔偿纠纷案

案情

“我们的女儿刚满17岁，就被炸成这个模样。”一对中年夫妇领着一位脸部、右手严重烧伤的少女来到北京市朝阳区法律援助中心哭诉。中心在详细了解情况后决定为其女儿提供法律援助，并将该案指派给潮阳律师事务所，该所主任杨晓红律师承办了此案。

杨律师接到区法律援助中心的指派后迅速展开调查：受害人杨丽（化名）系河北省定兴县人，2001年10月7日起在朝阳区酒仙桥“来一锅火锅店”从事服务员工作，2003年2月1日晚，被告邵强（化名）让杨丽与同事随其一同乘车到朝阳崔各庄乡北皋太利花园做服务工作。晚12点，邵强命令其他工作人员到花园门外放礼花弹，一工作人员拿起一个礼花弹燃放，礼花弹未升空就在地面爆炸了，反射进屋内，将杨丽炸伤，造成其面部60%、背40%、右手60%、右手臂60%烧伤。

在北京积水潭医院就诊期间，被告邵强只付了3000元的医疗费就不闻不问了，杨丽的父母均是农民，根本无法筹集数万元的医疗费，无奈之下，杨丽诉至朝阳区人民法院，要求被告邵强对于其人身损害赔偿60万元，这才有了开头的那一幕。

为了帮助杨丽打赢这场诉讼，杨律师首先以寻找本案相关证人为突破口。他先是到杨丽原工作单位寻找证人，但迫于各种因素，昔日的同事都不愿作证。杨律师了解到爆炸事件发生后，许多知情人已被解聘回原籍，于是亲自到黑龙江安达、绥滨等地寻找证人，请求他们作证，并数次到积水潭医院调取病例，到朝阳区公安分局查阅事件材料，为杨丽索取人身损害赔偿作了充足的证据准备。在法庭审理过程中，被告邵强称杨丽是来太利花园凑热闹的，两人并不相识，也没有让其从事服务工作，并表明2月1日晚发生的13人全部烧伤、其中死亡两人的烟花爆炸事故，已由朝阳区公安分局认定为意外事故。对此，杨律师提供了相关的证人证言，证明杨丽到太利花园做服务工作系职务行为，被告邵强负有安全责任，且被告违反了《未成年人保护法》，雇用未成年人。

由于此案案情较为复杂性，前后共开庭审理三次。2004年9月29日，朝阳区人民法院依法作出判决：此次伤害结果虽然是原告和被告以外的第三人造成的，但被告邵强作为雇主应负管理、保障的义务，因其未履行安全保障义务而造成了原告的人身损害，因此，应负赔偿责任，判定被告邵强赔偿原告杨丽人民币22663元。

律师点评

《中华人民共和国未成年人保护法》第28条规定："任何组织和个人不得招用未满16周岁的未成年人，国家另有规定的除外。"本案中，杨丽2001年在火锅店工作时还未满16周岁，被告邵强雇用属于未成年人的杨丽违反了法律的规定。

《最高人民法院关于审理人身损害赔偿案件适用法律若干问题的解释》中规定，雇员在从事雇佣活动中致人损害的，雇主应当承担赔偿责任；雇员因故意或者重大过失致人损害的，应当与雇主承担连带赔偿责任。雇员在从事雇佣活动中遭受人身损害，雇主应当承担赔偿责任。雇佣关系以外的第三人造成雇员人身损害的，赔偿权利人可以请求第三人承担赔偿责任，也可以请求雇主承担赔偿责任。这里所说的"从事雇佣活动"，包括从事雇主授权或者指示范围内的任何劳务活动。故本案中，如果引发该爆炸事故的是邵强所雇用的人员，则无论杨丽是按照邵强的指令到太利花园做服务工作，还是如邵强所说只是去看热闹，杨丽都有权要求邵强承担赔偿责任，邵强也应当对杨丽被礼花弹炸伤所蒙受的损失予以赔偿。

另外，《最高人民法院关于审理人身损害赔偿案件适用法律若干问题的解释》第6条的规定："从事住宿、餐饮、娱乐等经营活动或者其他社会活动的自然人、法人、其他组织，未尽合理限度范围内的安全保障义务致使他人遭受人身损害，赔偿权利人请求其承担相应赔偿责任的，人民法院应予支持。因第三人侵权导致损害结果发生的，由实施侵权行为的第三人承担赔偿责任。安全保障义务人有过错的，应当在其能够防止或者制止损害的范围内承担相应的补充赔偿责任。安全保障义务人承担责任后，可以向第三人追偿。赔偿权利人起诉安全保障义务人的，应当将第三人作为共同被告，但第三人不能确定的除外。"因此引发事故的如果不是邵强雇用的人员，而杨丽又确如邵强所说只是去看热闹，则邵强应作为安全保障义务人，在其能够防止或者制止损害的范围内承担相应的补充赔偿责任。

本案中，法院最终认定：被告应负管理、保障的义务，由于其未履行好安全保障义务，造成原告的人身损害，应负赔偿责任。

常某人身损害赔偿纠纷案

案情

2004年3月，北京市怀柔区某村村民赵某承包了丁某家盖南房的活儿，由于缺少劳动力，便到常某家中找其帮忙干几天，赵某答应每天给常某工钱30元。2004年4月1日，赵某让常某到钟某家借用电锯加工木条。常某来到钟某电锯所在地让其帮忙加工木条，后来钟某没锯完又去干别的活，让常某先锯着，由于常某不是木工，不懂得电锯的操作和使用，结果不慎将右手除拇指外的其他四个手指锯掉，先后到北京积水潭医院、北京舰船医院住院治疗，花费医疗费3990.5元。因为负担不起更多的治疗费用，常某不得已停止治疗，被迫出院。此后，常某因损害赔偿问题多次找赵某协商，但都被其以没有钱为由所拒绝。

常某于2004年4月30日来到怀柔区法律援助中心申请援助，法律援助中心人员仔细分析案情后，认为常某的案子属于多因一果的人身损害赔偿，应当根据各方在事件中的过失大小或者原因力比例各自承担相应的赔偿责任。此次事件，赵某应当承担主要责任，丁某和钟某也应当承担连带责任，中心经审查决定给予常某法律援助。根据本案的实际情况，办案人员提出了明确、便捷的办案思路：以“人身损害赔偿”为案由，为常某代写了民事诉状和免交诉讼费申请，递至怀柔区人民法院。由于常某没有经过伤残鉴定，无法计算伤残系数和补偿标准，中心工作人员向法院提出申请，为当事人进行伤残鉴定，法院采纳了法律援助中心的意见，常某及时到北京市法医鉴定中心进行了伤残鉴定。其后,法律援助中心工作人员根据《最高人民法院关于审理人身损害赔偿案件适用法律若干问题的解释》及北京市高级人民法院关于审判工作所依据的几类参照标准,详细计算确定了受援对象及其家属的赔偿数额,为此案作了充分的准备的工作。

在法院三次开庭审理中,法律援助中心的工作人员利用大量的证据和最高人民法院司法解释及北京市高级人民法院的相关标准,在法庭上据理力争,最终,怀柔区人民法院采纳了法律援助中心的意见,并根据法医学鉴定意见书(2004)京法科鉴字第992号,确定常某所受损伤的伤残程度为五级(伤残率60%)的鉴定结果,于2004年7月21日作出判决:被告赵某赔偿原告常某医药费、残疾人生活补助费、被抚养人生活费、精神损失费45384元,被告丁某对常某的损失承担连带赔偿责任。

律师点评

本案的人身损害是一个"多因一果"行为。所谓"多因一果"行为是指数个行为人无共同过错,但其行为间接结合导致同一损害结果发生的侵权行为。"多因一果"行为通常是几个与损害结果有间接因果关系的行为,与另一个同损害结果有着直接因果关系的行为间接结合,导致同一损害结果的发生。《最高人民法院关于审理人身损害赔偿案件适用法律若干问题的解释》第3条第2款规定:"二人以上没有共同故意或者共同过失,但其分别实施的数个行为间接结合发生同一损害后果的,应当根据过失大小或者原因力比例各自承担相应的赔偿责任。"

赵某因承包丁某的盖房工程而雇用常某,双方形成雇佣关系。在此期间常某应赵某要求到钟某家借用电锯加工木条受伤,属于在从事雇佣活动中发生人身损害。根据《最高人民法院关于审理人身损害赔偿案件适用法律若干问题的解释》第11条规定:"雇员在从事雇佣活动中遭受人身损害,雇主应当承担赔偿责任。雇佣关系以外的第三人造成雇员人身损害的，赔偿权利人可以请求第三人承担赔偿责任，也可以请求雇主承担赔偿责任。雇主承担赔偿责任后，可以向第三人追偿。雇员在从事雇佣活动中因安全生产事故遭受人身损害，发包人、分包人知道或者应当知道接受发包或者分包业务的雇主没有相应资质或者安全生产条件的，应当与雇主承担连带赔偿责任。”常某是在为赵某从事雇佣活动中发生人身损害，而丁某明知赵某没有建筑资质，仍让赵某为其建房，因此，赵某和丁某应承担连带赔偿责任。

林水人身损害赔偿纠纷案

案情

2004年9月27日，一位拄着拐杖的老人来到北京市顺义区法律援助中心请求法律援助。老人叫林水(化名)，是顺义区小刘各庄(化名)镇小宋各庄村村民。

林水介绍说，在1967年5月，为本村生产队搞副业采石头的时候，他被哑炮灼伤了双眼；虽经医治，但左眼失明，右眼视力也受到严重影响。生产队解体前，村里一直对林水有一些照顾和补助；生产队解体后，基本上没有人管了，但当时林水本人的生活尚能维持，也就未向集体提出过什么要求。事隔37年后，由于林水夫妇年纪大了，逐渐丧失了劳动能力，子女又都生活在农村，经济比较拮据，生活困难越来越大。2003年1月，林水到镇政府申请办理了残疾证，并提出要求村委会给予其人身伤害赔偿和精神赔偿。村委会召开村民代表大会讨论未获通过后，他便开始四处上访。

顺义区法律援助中心对林水人身伤害赔偿案件非常重视，经过初步调查、了解，林水反映的情况基本属实，法律援助中心决定受理其法律援助申请。中心工作人员分析、讨论后认为，这是一件与林水及其家人的切身利益密切相关的事情，也与全体村民的利益有关，这个案件的特点是：时间跨度长，已经过去37年了，从当年的生产队到如今的村委会，村民的思想状况也发生了巨大的变化，但是作为为村里的利益负伤的残疾人，其合法权益应当得到法律的保护。区法律援助中心指派了北京顺新律师事务所的盛乃龙律师承办此案，为林水代理向顺义区人民法院提起民事诉讼，要求村委会对原告的生活给予补贴。区法律援助中心还向法院提出申请，为林水进行伤残鉴定。2004 年 11 月，北京市法庭科学技术研究所对林水的伤残情况进行了鉴定，其结论为伤残程度五级。

经过先后三次开庭审理此案后，顺义区人民法院采纳了代理律师的大部分代理意见，并于 2004 年 12 月 10 日判决该村委会自 2004 年 12 月起每月 5 日前给付原告林水 200 元经济补偿。

律师点评

本案是一起农村集体经济组织人员因公受伤所引起的人身损害赔偿案件。

由于《中华人民共和国劳动法》和《工伤管理条例》的适用对象均为各类企业和有雇工的个体工商户，而村（当时为生产队）既不是企业也不属于个体经济组织，因此本案不适用《劳动法》，可不经劳动仲裁程序而直接向法院提起诉讼。

在本案中，林水为生产队搞副业采石头，其与生产队（村）之间应属于雇员和雇主的关系。根据《最高人民法院关于审理人身损害赔偿案件适用法律若干问题的解释》第 11 条规定："雇员在从事雇佣活动中遭受人身损害，雇主应当承担赔偿责任。"因此，林水因参加生产队组织的劳动而受伤致残，村委会应当承担赔偿责任。此外，该解释第 15 条还规定："为维护国家、集体或者他人的合法权益而使自己受到人身损害，因没有侵权人、不能确定侵权人或者侵权人没有赔偿能力，赔偿权利人请求受益人在受益范围内予以适当补偿的，人民法院应予支持。"林水在为集体利益工作时受到人身损害，导致五级伤残，村委会无论作为雇主还是作为受益人，均应对林水给予适当补偿。

王长江人身损害赔偿纠纷案

案情

被告李福（化名）与李禄（化名）系父子关系，李禄长年在外承包绿化工程。2003 年 9 月 10 日，身有残疾的王长江（化名）等一行 9 人临时被李福父子雇用，为其种草，并共同乘坐李禄驾驶的农用三轮车（这种车不准在公路上行驶，并且事发当时违反交通法规超员乘坐多人，车上包括被告父子在内一共 11 人）前往工作地点。在车辆行驶至北京市通州区任李路辛店路口时，与其他车辆发生交通事故，造成 2 死 6 伤。王长江受伤后，当时就被送往通州区潞河医院，经诊断为盆骨骨折，左跟骨骨折，住院治疗 20 天。2004 年 2 月 13 日，经北京市法庭科学技术鉴定研究所鉴定，王长江属十级伤残。在住院治疗期间，王长江共花去医疗费两万余元，并且根据其伤情还需要后期治疗，但李禄在给付王长江 15000 元已发生的治疗费后，拒绝给付其余医疗费，并称以后不管了。面对这么一大笔无法承担的医疗费，王长江与李福父子就伤残赔偿问题发生了争议。

2003 年 11 月 23 日，王长江一家来到通州区法律援助中心申请法律援助。中心主任及工作人员按照规定进行了案件及当事人经济情况的审查，并在第一时间指派了北京市致宏律师事务所的陈松波律师为王长江代理诉讼。陈松波律师在接受指派后，对此案进行了详细的研究，并多次与王长江及其家人进行协商，结合当事人提供的证据材料和赔偿要求以及法律法规的规定，调整了诉讼代理的方式及策略，于 2004 年 5 月 19 日以雇用人损害赔偿纠纷为案由向通州区人民法院递交了起诉状，提出了有法可依的诉讼赔偿请求。

经过法庭审理，通州区人民法院于 2004 年 8 月 2 日作出了判决，判令被告李福父子除已给付原告王长江 15000 元外，再赔偿原告王长江医疗费、急救费、护理费、住院伙食补助费、残疾赔偿金、交通费、鉴定费、残疾用具费、误工费、被抚养人生活费共计 37552 元，被告李福父子承担案件受理费。

律师点评

本案涉及两方面法律问题。

第一，关于从事雇佣活动过程中受伤致残责任承担问题。《最高人民法院关于审理人身损害赔偿案件适用法律若干问题的解释》中第 11 条规定："雇员在从事雇佣活动中遭受人身损害，雇主应当承担赔偿责任。雇佣关系以外的第三人造成雇员人身损害的，赔偿权利人可以请求第三人承担赔偿责任，也可以请求雇主承担赔偿责任。雇主承担赔偿责任后，可以向第三人追偿。"根据该解释第 9 条规定，"从事雇佣活动"是指从事雇主授权或者指示范围内的生产经营活动或者其他劳务活动。如果雇员的行为超出授权范围，但其表现形式是履行职务或者与履行职务有内在联系的，应当认定为"从事雇佣活动"。本案中，王长江受李福父子雇用，在共同乘坐李禄驾驶的农用三轮车前往工作地点的过程中，与其他车辆发生交通事故，属于从事雇佣活动范围内，故王长江可以要求李福父子承担赔偿责任。

第二，关于本案的赔偿数额问题。根据《最高人民法院关于审理人身损害赔偿案件适用法律若干问题的解释》第 17 条规定："受害人遭受人身损害，因就医治疗支出的各项费用以及因误工减少的收入，包括医疗费、误工费、护理费、交通费、住宿费、住院伙食补助费、必要的营养费，赔偿义务人应当予以赔偿。受害人因伤致残的，其因增加生活上需要所支出的必要费用，以及因丧失劳动能力导致的收入损失，包括残疾赔偿金、残疾辅助器具费、被扶养人生活费，以及因康复护理、继续治疗实际发生的必要的康复费、护理费、后续治疗费，赔偿义务人也应当予以赔偿。”

毕某人身损害赔偿纠纷案

案情

家住北京市东城区的居民毕某系盲人，日常出行非常不便，所以十分小心谨慎，但是 2003 年 9 月的一天还是发生了意外。

那天，毕某外出返家途中，路经居住小区内的一栋楼房前时，由于该楼房正维修下水管道，所以将污水井盖打开，但因下雨，维修人员不在现场，污水井无人看管，井周围也没有防护设施，毕某在通过时，由于无人提醒，导致其掉入污水井中，头部和身体多处受伤。

毕某在入院治疗完毕后，来到东城区法律援助中心请求帮助。中心工作人员在认真审查该案事实后认为，《中华人民共和国民法通则》第 125 条规定："在公共场所、道旁或者通道上挖坑、修缮安装地下设施等，没有设置明显标志和采取安全措施造成他人损害的，施工人应当承担民事责任。"根据这一规定，如果未按要求施工造成他人人身伤害的，应由施工单位承担相应的民事赔偿责任。施工方在维修下水管道时，未按规定设置明显标志，也未在施工现场安排人员进行防护提醒和采取安全措施。毕某是盲人，本身已经行动不便，施工方的疏忽更是导致其人身受到伤害的必然原因，所以施工方应当承担全部民事赔偿责任。

东城区法律援助中心及时受理了毕某的申请，并指派具有丰富办案经验的律师作为毕某的代理人为其提供法律服务。在案件审理过程中，经过代理律师大量艰苦、耐心的工作，据理力争，终于使双方当事人达成调解协议，由施工方赔偿毕某 9500 余元。

律师点评

此案是一个地面施工致人损害赔偿的特殊侵权案件。

《中华人民共和国民法通则》第125条规定:"在公共场所、道旁或者通道上挖坑、修缮安装地下设施等,没有设置明显标志和采取安全措施造成他人损害的,施工人应当承担民事责任。"根据这一规定,地面施工致人损害的侵权责任是过错推定责任。过错推定又称过失推定,是指在损害事实发生后,基于某种客观事实和条件而推定行为人具有过失,从而减轻或免除受害人对过失的证明责任,并由被推定者负担证明自己没有过失的规则。

地面施工致人损害的主要免责条件是已设置明显标志和采取安全措施。而设置明显标志并采取安全措施的标准,一般认为是足以使任何普通人采取通常的注意就可以避免损害的发生。施工方能够做到这一点方可免责。

本案中,施工方在维修地下水管道时没有设置任何防护设施,也未在施工现场安排人员进行防护提醒,施工方的疏忽是导致毕某受到伤害的直接原因,因此,施工方应当承担全部民事赔偿责任。

婚姻家庭篇

刘易、姜兰赡养费纠纷案

案情

2004年4月的一天，一对衣着褴褛的夫妇走进北京市丰台区法律援助中心接待室。接待人员经过耐心询问，了解到夫妇俩是王佐镇农民，丈夫刘易（化名）听力先天残疾，妻子姜兰（化名）系智力残疾，两人已年近七旬，育有两子两女，其中一个儿子还是先天智力残疾，由这对老夫妇抚养，其他子女现已成家立业。现在，三个子女却对赡养老人的事情互相推诿。两位老人年老体弱，无力负担每年千余元的医疗费，一家三口没有收入来源，生活已经陷入困境。村委会多次协调未果，无奈之下，这对残疾人夫妇来到区法律援助中心寻求帮助。

中心经认真审查两位当事人的申请材料，认为当事人属于特殊群体，符合法律援助条件，当日即为他们办理了法律援助手续，指派律师为其提供法律援助。在律师的帮助下，这对风烛残年的老人将三位子女推向法庭，要求大女儿每月支付200元生活费，其他两个子女每月支付100元生活费，今后医疗费由三个子女均摊。

丰台区人民法院及时受理了该案。开庭审理中，承办律师提出两位老人现已丧失劳动能力，仅靠捡拾破烂儿维持生活，被告均属于具有劳动能力的成年人，长期以来以生活困难为由拒绝履行赡养义务不构成抗辩理由。依照《中华人民共和国婚姻法》的相关规定，要求法院判决被告对老人尽赡养扶助义务，依法维护老年人的合法权益。

丰台区人民法院最终依法完全采纳了承办律师的代理意见，判决三个子女承担老人的赡养费用，对今后的医疗费用每人承担1/3。对此判决结果，原被告双方均表示无异议。

律师点评

《中华人民共和国婚姻法》第21条规定："父母对子女有抚养教育的义务；子女对父母有赡养扶助的义务。父母不履行抚养义务时，未成年的或不能独立生活的子女，有要求父母付给抚养费的权利。子女不履行赡养义务时，无劳动能力的或生活困难的父母，有要求子女付给赡养费的权利。"在本案中，两位老人都是残疾人，且已经高龄并已丧失劳动能力，其子女有义务予以赡养。

《中华人民共和国老年人权益保障法》第12条规定："赡养人对患病的老年人应当提供医疗费用和护理。"本案中的两位老人体弱多病，无法负担治病所需要的医疗费用，作为赡养人的三个子女不仅应当支付生活费用，而且应当提供医疗费用。然而两位老人子女虽多，却都未尽赡养义务，也不能就履行赡养义务达成一致意见。这时，法律的介入就成为必要。在本案中，通过法律援助，法院根据两位老人的实际需要及各子女的给付能力判决三个子女各自承担一定的赡养费用，并平均负担两位老人今后的医疗费用，从而使刘易、姜兰夫妇的合法权益得到了充分的保护。

肖丽解除收养关系纠纷案

案情

肖丽(化名),女,17岁,生父韩刚(化名),生母王玲(化名)。肖丽1987年出生后,因是女孩,且又是其母生育的第三胎,其生父母私下将她送给同村的肖华(化名)、马霞(化名)夫妇,当时未办理任何公证及登记手续,也未签订书面收养协议。1994年,肖丽的养父母肖华、马霞离婚,法院判决肖丽由养父抚养。之后,因肖华没有固定工作,肖丽经常被寄养在亲戚朋友家,先后7次转学。马霞离婚后精神病复发,肖华便将肖丽送往其生父母韩刚、王玲处暂住,承诺一旦自己经济条件好转,即接回肖丽。

2002年,肖丽中学毕业后,由于没有户口,也无身份证明,致使其无法继续升学,也难找到谋生的工作。韩刚夫妇此时不愿意继续抚养肖丽,肖丽无奈之下去找养父肖华。肖华不仅不愿意继续抚养肖丽,还以曾经抚养过肖丽为由,对其避而不见,向韩刚夫妇索要抚养费。在多次寻找养父无果的情况下,肖丽找到养母马霞的父母家,两位好心的老人收留了她。两年来肖丽寻父未果,因其身份问题也处处求职碰壁。

2004年7月,肖丽找到北京市丰台区法律援助中心,经过咨询后,她向中心正式提出法律援助申请。因肖丽无固定收入,属于未成年人,但侵害其权益的又是她的监护人,中心决定受理该申请,指派北京市清朗律师事务所江沁涛律师承办此案,以期通过法律的渠道最终解决肖丽的"黑户"问题。

江沁涛律师从肖丽处了解案情后，多次前往公安户籍部门和民政收养登记部门调查，弄清了肖丽申请办理户口登记所需的手续和证明材料，但在实际操作中仍然存在很多问题，主要在于：肖华不具有收养肖丽的法定条件，事实收养关系不具有合法性质；生父韩刚对肖丽的户口问题一味推卸责任，对应该由他出具的“出生证明”等材料一概不管；肖丽的养父多年打工在外，与肖丽一直没有联系，有关证据难以取得……

根据本案实际情况，承办律师经与中心多次探讨，提出了明确的办案思路：以“确定肖丽身份”为诉由，解除肖丽与肖华的“事实收养关系”，确定肖丽户口问题应该由其生父韩刚负责申办。

2004年9月，丰台区人民法院开庭审理了此案。由于调查清楚、准备充分，法院采纳了代理律师的意见，判决解除肖华夫妇对肖丽的收养关系；肖丽由韩刚夫妇抚养；韩刚夫妇须履行为肖丽申报户口的义务。目前，肖丽已经取得了户口、身份证，有了正式工作，“堂堂正正”地开始了她新的生活。

律师点评

事实收养是在1991年《收养法》颁行之前司法实务当中承认的一种收养关系，即虽然没有办理合法的手续，但是孩子却和养父母在一起，以父母子女关系共同生活的情况。本案中肖丽在被肖华夫妇收养时未办理任何公证及登记手续，也未签订书面收养协议，属于事实收养关系。依据现行法律法规，办理了收养登记手续的收养家庭可为收养儿童办理户籍登记，至于形成事实收养关系但未到民政部门办证的情况如何处理，目前尚属空白。

根据《中华人民共和国收养法》第6条规定：“收养人应当同时具备下列条件：(一)无子女；(二)有抚养教育被收养人的能力；(三)未患有在医学上认为不应当收养子女的疾病；(四)年满30周岁。”另外该法第9条还规定：“无配偶的男性收养女性的，收养人与被收养人的年龄应当相差 40 周岁以上。”本案中的肖华没有固定工作，其妻又患有精神病，因此，无论在其离婚前还是离婚后，都不符合《收养法》规定的收养条件，其收养行为不具有法律效力，不能进行收养登记，也无法为肖丽办理户籍登记。但由于其与肖丽间的事实收养关系长达 17 年，且其生父母不愿履行抚养义务，因此仍需通过法律手段来确认收养行为无效以解除收养关系。收养行为从被法院确认无效时起，肖华夫妇的收养行为即无法律效力，肖丽与养父的事实收养关系解除，与生父母的关系自行恢复；因为肖丽还未满 18 周岁，是未成年人，生父韩刚理当为肖丽申报办理户口登记手续。

王某扶养费纠纷案

案情

王某与李某经人介绍认识，于 2001 年登记结婚，婚后两人感情不错。不料王某在 2002 年患上功能性妇科疾病，使这段婚姻降到了冰点。随着身体越来越虚弱，王某逐渐失去了劳动能力和生活来源，李某也开始嫌弃体弱多病的妻子，经常威胁、恐吓，逼迫王某与其无条件离婚。在遭到王某的拒绝后，李某曾于 2003 年和 2004 年两次向北京市大兴区人民法院、北京市第一中级人民法院提起诉讼，要求与王某离婚。在被北京市第一中级人民法院终审驳回诉讼请求后，李某开始侮辱、虐待妻子，多次在打骂后将其赶出家门，并开始拒绝支付妻子看病所需费用和日常生活费用，以致王某不得不依靠借钱来看病和维持生活。在好心邻居的指点下，走投无路的王某拨通了大兴区法律援助中心的热线电话。

王某的遭遇引起了大兴区法律援助中心工作人员的高度重视，为了方便行动不便的当事人，中心指派了王某所在辖区司法所的法律工作者孙涛承办该案。由于王某的户口仍在河北，而且其病情属于间歇性质，这样给取证工作造成了一定困难，但承办人员不畏艰辛，认真调查，一方面代其向大兴区人民法院提起诉讼，另一方面主动为没有经济来源的王某向法院提出申请缓交诉讼费。法庭辩论时，承办人员从情理和法理上据理力争，认为王某与李某双方是在夫妻关系存续期间，应当互相尊重、互相帮助，一方患病时他方应予以关心和照顾，并应尽相互扶养的义务。现王某患有功能性妇科疾病，医院告之其要定期检查，一旦发现病情恶化就需要马上手术，术后还需长期休养。而且王某因病失去了劳动能力，目前无能力养活自己，生活困难，李某应当给予适当的经济帮助和精神支持，扶养妻子。最终，大兴区人民法院采纳了律师的意见，判决被告李某自2004年7月起，每月15日前支付王某生活费用300元。

律师点评

本案涉及夫妻之间的相互扶养问题和诉讼费交纳问题。

我国婚姻法中明文规定了夫妻之间的扶养问题。《中华人民共和国婚姻法》第20条规定："夫妻有互相扶养的义务。一方不履行扶养义务时，需要扶养的一方，有要求对方付给扶养费的权利。"本案中的王某与李某具有合法的夫妻关系，双方有相互扶养的义务。在王某患病失去劳动能力和无生活来源之时，有权利要求李某给付扶养费。

在民事诉讼中，原告通常需先向法院交纳一定金额的诉讼费。《中华人民共和国民事诉讼法》第107条规定："当事人进行民事诉讼，应当按照规定交纳案件受理费。财产案件除交纳案件受理费外，并按照规定交纳其他诉讼费用。当事人交纳诉讼费用确有困难的，可以按照规定向人民法院申请缓交、减交或者免交。"本案中的王某患病后失去劳动能力，没有生活来源，无力支付诉讼费用。因此，大兴区法律援助中心的工作人员依法为王某向法院提出申请缓交诉讼费，并得到法院准许，使得王某能够顺利地赢得这场诉讼。

另外，需要指出的是，《中华人民共和国刑法》第260条第1款规定："虐待家庭成员，情节恶劣的，处二年以下有期徒刑、拘役或者管制。"李某在被北京市第一中级人民法院终审判决驳回离婚请求后，开始侮辱、虐待妻子，多次在打骂后将其赶出家门，并且拒绝支付妻子的看病费用和日常生活费用的行为，已涉嫌犯罪。但本罪属于告诉才处理，王某寻求法律援助的目的是维系夫妻关系，以获得李某的照顾扶养，故未提出刑事自诉，因此，法院只判决李某自2004年7月起每月支付王某的生活费用，而未追究其相应的刑事责任。

王老太太房屋买卖合同纠纷案

案情

2004年元旦刚过，人们还沉浸在节日的喜庆中，74岁的王老太太却闷闷不乐地走进了北京市朝阳区法律援助中心的接待室。“我被自己的外孙女骗得无家可归，还让人告上了法庭，你们快帮帮我吧，我连想死的心都有了！”说着说着，老人的眼泪“唰”地一下流了出来。原来，王老太太住在朝阳区劲松小区，属于城市低保人员，生活很困难，家里值钱的就是现在居住的房子。2003年10月，她回山西老家办事，便委托自己的外孙女李某帮忙看管房屋，不料后者却打起了这套房子的主意。回到老家不久，老人就接到了李某打来的电话，谎称有人想和老人换房，让她赶紧回京处理此事。王老太太回到北京后，李某将她领到自己刚买的新房里，说是换房人的房子。见该房宽敞舒适，比自己原来的房子要好很多，老人心里十分高兴，便同意了“换房”的事。由于不太识字，再加上对自己一手带大的外孙女十分信任，王老太太便将“换房”的事完全委托给李某办理，并且未经审查就在合同上签了字。“换房”手续办完后，老人提出要尽快把自己的户口和低保证明转到所“换”房屋所在地的派出所和街道，免得以后麻烦。此时，李某才被迫说了实话，告知其上次领她看的房子是自己新买的，王老太太的房子已经卖给刘某。老人一下子傻了眼，房子如果卖了，自己岂不无家可归？她赶忙从李某手中要回房屋所有权证和户口本，并向刘某表示房子不卖了。刘某认为自己的权利受到侵害，遂向朝阳区人民法院提起诉讼，要求王老太太履行房屋买卖合同并双倍返还定金。接到法院传票,老人感觉很委屈,可从没进过法院的她又不知怎么办才好,走投无路的老人经人提醒这才找到了朝阳区法律援助中心。

听了老人的陈述,中心工作人员耐心向她解释,虽然在房屋买卖合同上签了字,但并不是其真实的意思表示,因此,该民事法律行为无效,只要提供相应的证据,法院会依法作出公正判决的。中心根据老人的具体情况,迅速办理了法律援助手续,并指派了一名经验丰富的律师做诉讼代理人。考虑到本案法律事实比较清楚,承办律师决定从调解入手,积极和刘某协商,告知王老太太的困难情况和判决可能出现的结果,经过多次的劝说调解工作,刘某主动提出撤诉,朝阳区人民法院经过审查,同意了刘某的撤诉请求。

律师点评

本案是一起因当事人疏于审查合同而引起的房屋买卖合同纠纷案件。根据《合同法》的相关规定,此类合同不属于无效合同,但当事人可以通过申请法院撤销或变更合同来维护自己的权利。《中华人民共和国合同法》第54条第1款、第2款规定:“下列合同,当事人一方有权请求人民法院或者仲裁机构变更或者撤销:(一)因重大误解订立的;(二)在订立合同时显失公平的。一方以欺诈、胁迫的手段或者乘人之危,使对方在违背真实意思的情况下订立的合同,受损害方有权请求人民法院或者仲裁机构变更或者撤销。”根据案情介绍,本案中买方刘某应属于善意相对方,但王老太太是在误以为该合同为换房合同的情况下,在房屋买卖合同上签字的,因此,王老太太有权以重大误解为由申请法院撤销该合同。

但王老太太未经审查就在合同上签字,对合同的签订负有过错,根据《中华人民共和国合同法》第58条规定:“合同无效或者被撤销后,因该合同取得的财产,应当予以返还;不能返还或者没有必要返还的,应当折价补偿。有过错的一方应当赔偿对方因此所受到的损失，双方都有过错的，应当各自承担相应的责任。”在本案中买方刘某支付了定金，根据法律有权要求双倍返还，但王老太太属于城市低保人员，生活都很困难，更无力支付赔偿。如果刘某坚持起诉，即使法院判决王老太太赔偿刘某的损失，也将因为其没有赔偿能力而无法执行。因此，承办律师从调解入手，最终促成刘某主动提出撤诉，使本案获得了圆满的解决。

张梅房屋腾退纠纷案

案情

张梅（化名），女，智力残疾，与丈夫王军（化名）居住在丈夫单位分的一套两居室内，日子虽不富裕，夫妻两人在自己的小天地里过得也怡然自得。后来，王军的哥哥王民（化名）以无房为由住进了他们家，占了其中的一居室。日久天长，两家渐渐有了矛盾，且愈积愈深，给双方生活带来了极大不便。王军、张梅夫妻劝说王民搬离他们家，但遭到了拒绝。无奈之下，张梅向法院起诉，但因程序有误被驳回。后来张梅又因此事长期得不到解决，情急之下，两次闯中南海以制造影响。

2004 年 5 月 11 日，北京市宣武区残疾人法律援助律师团成立，法律援助中心批准了张梅要求王民腾房一案的法律援助申请，并现场办理了审批手续，指派北京市金石律师事务所经验丰富的戴洪强和韩建昌两位律师承办此案。

两位律师立即与张梅及其法定监护人张梅的父亲谈话并详细了解案情。在调查取证过程中，办案律师试图调解此案，但王民态度坚决，不愿意与律师交谈，进屋后就反锁房门，使双方当事人关系进一步恶化。为此，律师给张梅及其家属做了大量的思想工作，有效避免了因当事人情绪激动有可能出现的过激行为。

经过详细的调查了解后，承办律师及时向宣武区人民法院递交了起诉状。在法院开庭审理中，被告王民辩称，当事人房屋为承租的公房，且原告张梅不是承租人，其进住诉争房屋是经其弟王军同意的借住行为。据此,代理律师提出了明确的反驳意见:此房屋虽然目前是承租的公房,但相关购房手续正在办理过程之中,因此该房应视为原告夫妻共同财产;即使王军同意被告借住,但借住房屋问题属夫妻共同生活中的重大事项,根据法律规定,如果一方明确反对,另一方意思表示行为也属无效。

2004 年 11 月 3 日,宣武区人民法院对此案作出判决,判令王民搬出张梅夫妇的住房。

律师点评

根据《最高人民法院关于适用〈中华人民共和国婚姻法〉若干问题的解释(二)》第 19 条规定:"由一方婚前承租、婚后用共同财产购买的房屋,房屋权属证书登记在一方名下的,应当认定为夫妻共同财产。"本案中,虽然原告方承租的房屋的承租人是王军,但此房的相关购买手续已在办理之中,王军、张梅夫妻即将购得此房,故此住房应认定为夫妻共同财产。

《中华人民共和国婚姻法》第 17 条第 2 款规定:"夫妻对共同所有的财产,有平等的处理权。"《最高人民法院关于适用〈中华人民共和国婚姻法〉若干问题的解释(一)》第 17 条规定:"婚姻法第 17 条关于'夫或妻对夫妻共同所有的财产,有平等的处理权'的规定,应当理解为:(一)夫或妻在处理夫妻共同财产上的权利是平等的。因日常生活需要而处理夫妻共同财产的,任何一方均有权决定。(二)夫或妻非因日常生活需要对夫妻共同财产作重要处理决定,夫妻双方应当平等协商,取得一致意见。他人有理由相信其为夫妻双方共同意思表示的,另一方不得以不同意或不知道为由对抗善意第三人。"本案中,王军对王民的借住行为应认定为是非因日常生活需要对夫妻共同财产所作的重要处理,张梅不愿让被告王民借住是显而易见的,故被告的借住行为虽是其弟王军同意的,但未得到张梅的同意,不是夫妻的共同意思表示,王民应当搬出张梅夫妇的住房。

刘花扶养费纠纷案

案情

60多岁的农村妇女刘花(化名),家住北京市平谷区平谷镇园田村,丈夫耿华(化名)1992年从北京城里的一家公司退休,每月有千余元的退休金,属于乡里人羡慕的亦工亦农的家庭。2000年,耿华因日常生活琐事与妻子发生纠纷,离开家搬到其弟家中居住,两人长期处于分居状态。如今刘花已进入花甲之年,丧失了劳动能力,生活困难,丈夫耿华却不肯尽扶助之责。

刘花与耿华已结婚40多年,由于某种原因,婚后未曾生育。后收养一弃婴,现已33岁,这孩子聋、哑且智力残疾,享受民政部门的救济。多年来,刘花在家照顾公婆,抚养孩子,耕田种地,勤俭持家,里里外外一把手,现在刘花母子生活却处于无助之中。恰在此时,刘花从邻居那里知道了法律援助,在其鼓励和陪同下,她来到了平谷区法律援助中心申请法律援助。

法律援助中心的工作人员热情接待了刘花,听了她的叙述,查看了相关资料,工作人员认为按照《婚姻法》的规定,夫妻间有相互扶养的义务,一方不履行扶养义务时,需要扶养的一方有要求对方履行义务的权利。法律援助中心当即决定给予刘花法律援助,并指派曙光律师事务所的姚仲林律师承办此案。

在承办案件过程中,姚律师认真查阅案件材料,与当事人交流、了解情况,到相关单位调查取证。姚律师本着家庭和睦为重,首先进行了诉讼外调解,但耿华的态度很强硬,拒不同意调解方案。于是姚律师代理刘花向平谷区人民法院起诉。平谷区法律援助中心也一直关注此案的进展情况。开庭这天，法律援助中心的工作人员来到平谷区人民法院旁听庭审过程。姚律师在庭审中指出：原告与被告结婚多年，在共同生活期间收养一子，聋、哑、有智力残疾，无劳动能力，没有能力对父母进行赡养，在这种情况下，原告与被告更应相互扶助，共度晚年。虽然，园田村委会每月给原告发放30元的生活补助费，但是不能满足原告刘花日常生活支出的需要，而被告耿华享有退休金，应从退休金中向刘花支付必要的扶养费用。

2004年7月，平谷区人民法院作出判决：被告耿华每月给付原告刘花扶养费300元。

律师点评

这是一起涉及夫妻间扶养义务和养父对养子的抚养义务的案件。

《中华人民共和国婚姻法》第20条规定："夫妻有互相扶养的义务。一方不履行扶养义务时，需要扶养的一方，有要求对方付给扶养费的权利。"第21条第1款、第2款规定："父母对子女有抚养的义务；子女对父母有赡养扶助的义务。父母不履行抚养义务的，未成年的或不能独立生活的子女，有要求父母付给抚养费的权利。"按照《最高人民法院关于适用〈中华人民共和国婚姻法〉若干问题的解释(一)》的规定，"不能独立生活的子女"，是指尚在学校接受高中教育及其以下学历教育，或者丧失或完全丧失劳动能力等非因主观原因而无法维持正常生活的成年子女。《婚姻法》第26条第1款还规定："国家保护合法的收养关系。养父母和养子女之间的权利和义务，适用本法对父母子女关系的有关规定。"本案中的刘花与耿华婚后未曾生育，收养一聋哑且有智力残疾的养子，该养子属于不能独立生活的子女，刘花和养子均无劳动能力，刘花的丈夫耿华应承担刘花的扶养义务及其养子的抚养义务。

张浩抚养费纠纷案

案情

2004年8月，小张浩(化名)在京、渝两地法律援助工作人员的联手帮助下，终于为自己争得了应有的抚养费与教育费。这是自北京市法律援助中心成立以来，首度与外省法律援助中心联手承办的法律援助案件。

现住重庆某区的小张浩，9岁，系非婚生子。其母因车祸去世。其父张虎(化名)将张浩送到重庆外婆家后就再也不闻不问，而且还更改了自己的手机及住宅电话号码。小张浩只能与外婆孙菊清(化名)两人相依为命，唯一的生活来源就是外婆微薄的退休金。女儿的不幸遭遇，使70岁的老人孙菊清悲痛欲绝，导致双目失明，经济上也不堪重负，无助的祖孙俩只能求助于法律援助。

重庆市法律援助中心受理此案后，经审查认定符合法律援助的条件，决定给予援助，但由于当事人张虎在北京，根据31个法律援助中心于2003年8月在河北省石家庄市签订的法律援助城际间协作协议，重庆市法律援助中心委托北京市法律援助中心协助承办此案。

北京市法律援助中心接受委托后，经研究决定派韩静波和丁爱筠两名律师具体办理此案。从孙菊清处得知张虎的户籍在北京市海淀区东北旺乡，2003年11月19日，韩、丁两名律师冒雨赴东北旺派出所及其所在居委会调查，了解到张虎有妻有子，其名下不仅有一家绿化有限公司(注册资金300万)和一家生物有限责任公司，夫妇俩还开办了一家美容美发店，盈利丰厚；另外，其在东北旺乡还将得到几十万的拆迁补偿款，完全有能力承担抚养责任。为了取得张虎、张浩系父子关系的证明，2004 年 2 月 17 日上午，两名律师赴北京医院调取到了当时张浩出生时，张虎在手术记录上以丈夫名义签署的手术同意书。在此期间，京、渝两地中心的律师通过电话多次联系，相互协商和了解案件的进展和相关情况。

因为张虎拒绝承认和张浩的父子关系，在调解不成的情况下，市中心的律师受托向海淀区人民法院提起诉讼。2004 年 6 月 4 日，海淀区人民法院受理此案。经 2004 年 7 月 21 日及 28 日两次开庭，张虎的律师在法庭上代其承认，张浩系其亲生子，而张虎本人自始至终都未到庭。海淀区人民法院认定：非婚生子女享有与婚生子女同等的权利，所以张虎对张浩有抚养义务，并于 2004 年 8 月 27 日，根据《中华人民共和国婚姻法》第 25 条规定，判决张虎自 2004 年 8 月起每月给付张浩抚养费人民币 300 元，至张浩 18 周岁时止；一次性给付张浩教育费人民币 1500 元。

一审判决后，代理律师认为一审法院判决张虎每月给付张浩 300 元抚养费偏低，不能维持张浩正常的生活支出，且张浩的母亲已经去世，张虎对张浩负有全部抚养责任。代理律师及时与张浩的法定代理人孙菊清交换意见后，代书了上诉状，向北京市第一中级人民法院提起上诉。

2004 年 12 月 13 日，北京市第一中级人民法院判决张虎自 2004 年 8 月起每月给付张浩抚育费 500 元，至 18 周岁时止，教育费数额不变。

律师点评

本案是涉及非婚生子女的抚养费争议纠纷。

《中华人民共和国婚姻法》第 21 条规定："父母对子女有抚养教育的义务"，"父母不履行抚养义务时，未成年的或不能独立生活的子女，有要求父母付给抚养费的权利。"第 25 条规定："非婚生子女享有与婚生子女同等的权利，任何人不得加以危害和歧视。不直接抚养非婚生子女的生父或生母，应当负担子女的生活费和教育费，直至子女能独立生活为止。”本案中，张浩系张虎之非婚生子，其有权享有与婚生子女同等的权利，张虎有抚养张浩的义务。虽然张浩目前跟随外婆生活，但根据《婚姻法》的规定，外婆只是第二顺序的抚养人，只在自己有负担能力且孩子的父母已经死亡或父母无力抚养的情况下才有抚养义务。本案中张浩的母亲已去世，而张虎完全具有抚养能力，因此对张浩负有全部抚养责任。

根据《最高人民法院关于适用〈中华人民共和国婚姻法〉若干问题的解释(一)》，“抚养费”包括子女生活费、教育费和医疗费等费用。《最高人民法院关于人民法院审理离婚案件处理子女抚养问题的若干具体意见》也明确规定：“子女抚育费的数额，可根据子女的实际需要、父母双方的负担能力和当地的实际生活水平确定。有固定收入的，抚育费一般可按其月总收入的20%至30%的比例给付。”张虎名下拥有两家公司，收入颇丰，完全有能力支付较高的抚养费，因此二审法院改判张虎每月给付张浩抚育费500元，维护了张浩的合法权益。

关宁抚养费纠纷案

案情

2004年元月1日傍晚，家住北京市西长安街某街道的未婚女李某带着6个月的女儿关宁(化名)，来到西城区法律援助中心西长安街街道工作站寻求帮助。原来李某与男友关某未婚发生关系而怀孕。2003年7月，李某生下一女，起名关宁。可从小就是孤儿的李某没有经济收入，男友又离她而去，关宁出生后，母女的生活马上就陷入了困境。由于早产及营养不良，出生仅6个月的关宁被诊断为“吸入性肺炎，高胆红素血症，早产儿生后能力低下”，身体非常虚弱。其父关某却对母女俩不闻不问，没有拿出过一分钱。

为了能尽快进入法律程序，当天夜里，工作站的联络员康炳森就对李某提供的出生证明、诊断证明、医疗费收据等证据进行了审查，确定了从追索抚养费入手的办案思路，起草了《民事起诉书》。为了解决李某交纳诉讼费困难的问题，康炳森又代李某写了《免交诉讼费申请书》。第二天一早，康炳森带着母女俩赶到了北京市朝阳区人民法院，递交了《民事起诉书》和《免交诉讼费申请书》。几天后，法院受理了关宁的起诉并准予免交诉讼费。之后，康炳森为了此事能尽快解决，找到了关宁的父亲关某，希望他能自觉履行做父亲的义务。关某的态度非常强硬，拒绝支付任何费用。

2004年2月9日，关宁起诉其父关某追索抚养费一案在北京市朝阳区人民法院开庭。康炳森当庭严正指出：“依据《中华人民共和国婚姻法》，非婚生子女享有与婚生子女同等的权利，任何人不得加以危害和歧视。不直接抚养非婚生子女的生父或生母,应当负担子女的生活费、医疗费和教育费。"关某及其代理人拿出李某当年所写的声明,仍然坚持认为应由李某负担关宁的一切费用。对此,康炳森认为,李某所书声明有悖法律规定,不能作为被告不履行法律义务的依据。关某当庭拒绝调解。经过法庭调查、举证、质证和激烈的法庭辩论,法官宣布休庭。

2004年春节前夕,婴儿关宁诉其父关某追索抚养费一案终于有了结果,北京市朝阳区人民法院作出判决,采纳了康炳森的代理意见,支持了关宁的诉讼请求,判决被告人关某自2004年2月1日起至关宁独立生活时止,每月支付200元给原告关宁;支付给原告关宁医疗费3227.65元;今后原告关宁医疗费的50%由被告关某支付。拿到判决书后,李某非常高兴,特意来到西城区法律援助中心西长安街街道工作站对康炳森表示了感谢。

然而,3月初,李某再次抱着小关宁愁容满面地找到康炳森。原来,虽然被告关某没有上诉,可他拒绝自动履行判决,这样一来小关宁的权益仍然无法得到实际维护。得知此事后,西城区法律援助中心当即决定指派康炳森再次为关宁提供法律援助,代理其申请强制执行。第二天,康炳森与母女俩一起再次来到了北京市朝阳区人民法院,递交了一份强制执行申请书。几天后,通过各方面的努力,李某终于拿到了小关宁的生活费和医疗费。

律师点评

本案涉及非婚生子女的权利问题。父母对子女有抚养教育的义务,《中华人民共和国婚姻法》第25条规定:"非婚生子女享有与婚生子女同等的权利,任何人不得加以危害和歧视。不直接抚养非婚生子女的生父或生母,应当负担子女的生活费和教育费,直至子女能独立生活为止。"虽然关宁是非婚生女,但享有与婚生子女同等的权利。

本案中,关宁的生父关某以李某写的声明为依据,认为应由李某负担关宁的一切费用，但《最高人民法院关于人民法院审理离婚案件处理子女抚养问题的若干具体意见》第10条规定："父母双方可以协议子女随一方生活并由抚养方负担子女全部抚育费。但经查实，抚养方的抚养能力明显不能保障子女所需费用，影响子女健康成长的，不予准许。"由此可见，父母对子女的抚养义务并不能因父母间签署协议而解除。本案中李某没有经济收入，抚养能力有限，不能保障女儿所需费用，关某应当负担关宁的生活费和教育费。

本案判决后，关某拒不履行判决，致使关宁的权益无法得到实际维护。根据《中华人民共和国民事诉讼法》第216条的规定："发生法律效力的民事判决、裁定，当事人必须履行，一方拒绝履行的，对方当事人可以向人民法院申请执行，也可以由审判员移送执行员执行。"《中华人民共和国婚姻法》第48条也规定："对拒不执行有关扶养费、抚养费、赡养费、财产分割、遗产继承、探望子女等判决或裁定的，由人民法院依法强制执行。有关个人和单位应负协助执行的责任。"法律援助工作人员据此申请强制执行，使判决得以实现，维护了关宁的合法权益。

袁某侵权纠纷案

案情

2003年8月19日，北京市海淀区法律援助中心接到八里庄街道法律援助工作站上报的法律援助申请。小红(化名)，女，17岁，因住房被其二姨袁某非法出租，致使申请人无处居住。经调查，小红及其父母一家三口承租海淀区定慧西里35楼一公房，因经济困难，享受政府免租金照顾。三年前其父亲因患精神病住进医院，2003年4月，其母亲又因智障长期入住敬老院，全家原享受的低保也于6月底被取消。孤身一人又无经济来源的小红于是通过中介公司将住房出租，而自己则在朋友家轮流居住，因有不良行为，曾数次被民警扣留。其二姨袁某得知后，将房屋收回，通过某房地产经纪公司将它出租给胡某并收取了租金，而让小红在自己家居住。后双方感情不和，小红要求回自家居住，袁某以房屋已出租为由未予同意。此后，小红出走20多天，回来后袁某坚决不同意其再和自己同住。有家不能回的小红找到了街道法律援助工作站，希望通过法律途径维护自己的合法居住权。八里庄街道法律援助工作站受理小红的申请后，先后与袁某、胡某取得联系，希望能调解这一纠纷，但袁某态度坚决，不同意调解。于是工作站一边上报法律援助中心，一边紧急与东北旺救助站取得联系，由救助站暂时收留小红，以解决其吃住问题。

中心经审查后决定给予法律援助，并于8月21日指派乾坤律师事务所谢叶律师承办此案。谢律师先后到朝阳区工商局、房地产经纪公司、救助站等单位进行了大量的调查取证，在做了充分准备后，于8月28日向海淀区人民法院提起诉讼，同时提交了先予执行申请，以求在救助站停止对小红的收留后能让她回家。然而，海淀区人民法院受理该诉讼时认为小红未成年，律师提供的其曾参加工作的证明不足以证明小红能以自己的收入为主要生活来源，因而小红是限制行为能力人，未经监护人同意，不得单独起诉，故不予受理此案。小红的父母都是无行为能力人，亲属只有两位姨妈，大姨妈明确表示自己不会出面介入此事，二姨妈是此案的被告之一，无法确定小红的监护人，此案的诉讼走入了死胡同。

9月中旬，由海淀区法律援助中心、八里庄街道法律援助工作站、八里庄街道司法所主持，袁某、小红、小红父亲原工作单位代表、八里庄街道办事处民政科科长、定慧西里居委会主任等十几人参加的调解会在八里庄街道法律援助工作站会议室举行。在充分听取了袁某就其与小红之间的情感、相处、房子及小红的一些不良行为等问题的近两个小时的叙述后，中心主任和两位律师讲解了此事件中监护及房子的法律关系和有关法律规定，使袁某认识到，她出租小红的住房并收取租金使其有家不能回的做法是违法的，侵犯了小红的合法居住权。街道工作站及司法所就当前的现实、困难及症结进行了说明分析，在多方多形式的努力下，袁某最终承诺在一周内腾退定慧西里35楼的住房，交小红居住。当事人离去后，海淀区法律援助中心、街道司法所、工作站、街道办事处民政科、居委会接着召开了协调会。会议决定由民政科帮助小红及其母亲申请低保补助，以解决小红和她母亲的生活来源问题。低保申请下来后，由定慧西里居委会代管，按周发放给小红生活费，直至其成年。

至此，这起让街道办事处领导挠头、让法律援助工作人员困惑的侵权纠纷在海淀区法律援助中心、工作站、司法所及律师等全体工作人员的不懈努力下得到了圆满解决，不仅维护了一个未成年少女的合法居住权，并解决了她的生活来源，更挽救了一个徘徊在犯罪边缘的问题女孩。

律师点评

本案的难点不在于案件本身，而在于原告的资格问题。

根据《中华人民共和国民法通则》的规定，10 周岁以上的未成年人是限制民事行为能力人，可以进行与其年龄、智力相适应的民事活动；其他民事活动由其法定代理人代理，或者征得其法定代理人的同意。16 周岁以上不满 18 周岁的公民，以自己的劳动收入为主要生活来源的，视为完全民事行为能力人。由于小红未满 18 周岁，且没有稳定的工作和收入来源，因此属于限制民事行为能力人，无诉讼行为能力，需要由其监护人作为法定代理人代为诉讼。而小红的父母又分别患有精神疾病和智力残疾，也属于无民事行为能力人，姨妈由于不属于近亲属，只有在其愿意承担监护责任，并经小红父、母的所在单位或者其住所地的居民委员会同意的情况下，才会以其监护人的身份作为小红的法定代理人代为诉讼。

在本案中，小红的两位姨妈，一位明确表示自己不会介入此事，另一位则是此案的被告之一，导致无法确定小红的监护人，使这个事实简单、清楚的案件，由于原告主体不符合法律要求而走入了死胡同。所幸的是，这起纠纷在法律援助工作人员的不懈努力下终于通过调解获得了解决。当然，如果最终调解未能获得成功，也并不意味着小红的权利就无法得到维护。根据《中华人民共和国民法通则》第 16 条第 4 款规定："没有第 1 款、第 2 款规定的监护人的，由未成年人的父、母的所在单位或者未成年人住所地的居民委员会、村民委员会或者民政部门担任监护人。"在本案最终的协调会上确定小红及其母亲低保申请下来后，由定慧西里居委会代管，按周发放给小红生活费，直至其成年，其实就是由定慧西里居委会承担监护人的部分职责，这为小红以后的生活提供了更好的保障。

蔡明静分家析产纠纷案

案情

2004年7月初，瘦弱的蔡明静（化名）来到北京市丰台区法律援助中心，泪流满面地向工作人员讲述了一个本不应属于她这个年龄的故事。17年前，蔡明静出生在丰台区一个农民家里，在她8岁那年，父母因为长期家庭经济拮据产生纠纷，最终感情破裂被法院判决离婚，父亲分到三间平房，蔡明静被判由父亲抚养。母亲在离婚后不久就因精神分裂离家出走，至今未归。一年后，父亲与同村同为离异的韩某登记结婚，婚后三口人生活在一起，韩某虽然不喜欢蔡明静，但是蔡明静在父亲的呵护下，一家倒也相安无事，父亲在原先三间平房的基础上，又盖了两间西厢房，家里条件逐渐好转。天有不测风云，2000年夏天，父亲不幸溺水身亡。父亲死后，蔡明静与继母韩某生活在一起，韩某经常对其进行打骂，不久韩某又和前夫重归于好，很少回家，年幼的蔡明静一个人在家里经常有上顿没下顿。

2003年蔡明静被一所中专录取，她向继母要学费时却被韩某断然拒绝，致使蔡明静辍学在家。韩某嫌蔡明静是累赘，担心其拖累她，要求和蔡明静分户，派出所以蔡明静是未成年人不予分户。韩某想到蔡明静成年后会和她争房产，便千方百计赶其离开，经常断水断电，母女关系日趋恶化，蔡明静对继母的怨恨也日渐增强。终于有一天，蔡明静正在厨房将农药倒入继母平时专用的杯子里时，被正好刚进门的韩某看见，韩某立即报案，蔡明静被公安机关拘留。由于蔡明静当时还不到16岁，仅有投毒行为，没有产生恶劣后果，公安机关在对蔡明静进行教育后，依法对其行政拘留 5 日。但是，从公安机关出来的蔡明静已经无法再和继母生活在一起了。

迷茫的蔡明静找到了丰台区法律援助中心，希望中心帮助自己要回父亲留给她的那份财产。中心考虑到蔡明静属于未成年人，最终决定采取非诉讼方式为她提供法律援助，避免给其今后的生活留下阴影。中心及时指派当地法律援助工作站进行非诉讼调解，工作人员在与当地村委会取得联系后，多方面对韩某做思想工作，疏导矛盾，最终韩某答应对现有五间平房分家析产。经过调解，蔡明静取得了新盖的两间房和以前的半间平房，家里的主要贵重财产也归蔡明静所有，韩某表示无异议，双方当场签字，当场履行。法律援助中心与村委会进一步协调，蔡明静的舅舅答应将其寄养在自己家里，蔡明静今后的生活有了着落。

律师点评

我国法律非常重视保护未成年人的权益，《中华人民共和国未成年人保护法》第 38 条规定："对违法犯罪的未成年人，实行教育、感化、挽救的方针，坚持教育为主、惩罚为辅的原则。"蔡明静因与继母矛盾激化，对其继母投毒被当场发现，属于犯罪未遂。但由于其未满 16 周岁，且未产生严重后果，因此公安机关在对蔡明静进行教育后，仅对其给予行政拘留 5 日的处罚，这种做法符合我国法律保障未成年人的合法权益，符合教育与保护相结合的原则。

蔡明静 9 岁时其父与韩某再婚，婚后三口人生活在一起，韩某与蔡明静已形成了拟制血亲的母女关系。根据《中华人民共和国婚姻法》第 27 条第 2 款的规定："继父或继母和受其抚养教育的继子女间的权利和义务，适用本法对父母子女关系的有关规定。"因此，有抚养关系的继父母子女关系原则上不能解除，在蔡明静的父亲去世后，继母韩某仍有义务继续抚养蔡明静。所以，当韩某要求和蔡明静分户时，派出所以蔡明静是未成年人为由决定不予分户，维护了蔡明静受抚养的权利。韩某在其后千方百计赶蔡明静离开的行为无疑是错误的。

但由于蔡明静与韩某的矛盾激化，又发生了投毒的情况，事实上已无法继续共同生活。为避免给蔡明静今后的生活留下阴影，同时促使此案尽快解决，法律援助中心通过非诉讼途径，帮助蔡明静与继母达成和解，在对蔡明静父亲的遗产进行分配时，考虑到蔡明静缺乏劳动能力的状况，对其给予了适当照顾，并另行为蔡明静确定了监护人。这种通过非诉讼程序解决矛盾的方式，能更有效地化解人民内部矛盾，避免矛盾的进一步激化，既减少当事人双方的诉累，也节约了国家的司法资源。

王某抚养费纠纷案

案情

2004年11月22日，北京市通州区法律援助中心接待了两位特殊的当事人：王老先生和孙女王某，爷孙俩向工作人员倾诉了他们的辛酸和困难。王某年幼时父母离异，由父亲抚养，后父亲再婚，她一直与爷爷奶奶一起共同生活。多年来，爷爷奶奶省吃俭用抚养孙女成长，两位老人就是王某生活和精神的支柱。为了让孙女上学，两位老人向亲戚朋友借了很多债。2004年9月，王某以优异成绩考入北京市某中专学校，但高额的学费使其一筹莫展，爷爷奶奶因年迈且体弱多病已无劳动能力，又无经济来源，已无力承担王某的生活费和学费。在这种情况下，王某多次找到父亲要学费，其父总是一拖再拖，不尽抚养义务，使得王某无法进行正常的学习和生活。在万般无奈的情况下，爷孙俩经多方打听才来到区法援中心，想把王某的父亲告上法庭。

通州区法律援助中心的工作人员热情地接待了他们，中心主任在了解情况后认为，王某符合法律援助的条件和范围，应给予法律援助，并指派致宏律师事务所史律师办理此案。史律师对王某的境遇给予了极大的同情，认为如果学费问题得不到及时解决，王某可能面临辍学的境地。史律师一刻也没有耽搁，立即帮助王某代写了诉状，并到通州区人民法院提起诉讼，并多次到王某所在的村委会调查了解情况。通州区人民法院在受理此案后，积极协调各方当事人，并于学生放寒假之前的2005年1月17日调解结案，判令王某的父亲自

2005年1月起按规定每月给付原告生活费、教育费330元。

律师点评

《中华人民共和国婚姻法》规定，父母对未成年的或不能独立生活的子女有抚养教育的义务，上述规定中的‘不能独立生活的子女’，是指尚在校接受高中及其以下学历教育，或者因丧失或未完全丧失劳动能力等非因主观原因而无法维持正常生活的成年子女。《最高人民法院关于人民法院审理离婚案件处理子女抚养问题的若干具体意见》中规定，抚育费的给付期限，一般至子女18周岁时止。尚未独立生活的成年子女有下列情形之一，父母又有给付能力的，仍应负担必要的抚养费：(一)丧失劳动能力或虽未完全丧失劳动能力，但其收入不足以维持生活的；(二)尚在校就读的；(三)确无独立生活能力和条件的。本案中，王某尚在学校就读，属于没有独立生活的能力和条件的子女。

王某的爷爷奶奶年迈体弱又无经济来源，无力支付王某的生活费和学费，因此，王某的父母应对其承担抚养义务。由于王某的父亲再婚后一直未尽抚养义务，王某有权要求父亲履行抚养义务，支付抚养费用。

本案中未涉及王某的生母，但即使王某的父母在离婚时曾就王某的抚养费签署过协议，王某仍然有权要求其母亲增加抚养费用。根据《中华人民共和国婚姻法》第37条的规定，父母离婚时关于子女生活费和教育费的协议或判决，不妨碍子女在必要时向父母任何一方提出超过协议或判决原定数额的合理要求。因此王某除要求其父支付抚养费外，还有权要求其母亲支付或增加抚养费用。

小磊抚养费纠纷案

案情

小磊，男，15 岁，家住北京市昌平区某镇张庄村。父亲长永（化名）与母亲玉兰（化名）因感情不和，于 1992 年 8 月离婚，小磊被判归父亲抚养，母亲玉兰每月支付小磊生活费 50 元。1995 年，就在小磊刚刚过完 5 岁生日的时候，突然感觉身体不适，浑身无力，慢慢地发展到不能下地走路了。父亲长永是个农民，每天靠打零工挣钱度日，并没有更多的时间顾及小磊。直到小磊卧床不起的时候，长永才感到问题的严重性，于是带着小磊辗转于北京各大医院诊断治疗。最终得到的结论是：小磊患上了绝症——进行性肌营养不良。这种病的症状就是肌肉严重萎缩，直至死亡，目前医学界还没有一种有效的治疗方法。面对这种情况，家徒四壁的长永束手无策，只好找到小磊的母亲玉兰商量对策。但是令他没有想到的是，已经再婚且又生有一女的玉兰丝毫不为小磊的病情担心，反而以小磊是在离婚后才生病的为由，拒绝支付医疗费用，还无情地停止了对小磊生活费的支付。无奈，长永只得四处借钱为小磊治疗。

2004 年，小磊已经年满 15 岁了，由于不能很好地医治（因经济原因治疗时断时续），病情没有得到控制，目前已经是全身瘫痪，仅靠简单的药物维持。长永现在靠拉三轮车挣钱，每天的收入仅够父子俩勉强糊口。每天清晨，长永都是在照顾小磊吃完早饭后，再将午饭放在小磊的床头，然后赶十余里的路到县城蹬三轮车拉活。而小磊的母亲虽然与其同住在一个村，但自听说小磊得病后，却一次都没有来看过儿子。由于经济困难，小磊营养不良，15岁的孩子体重却不足40斤，尽管村里给予一些困难补助，但却是杯水车薪。

在争得小磊的同意后，长永来到了昌平区法律援助中心。法律援助中心工作人员热情地接待了长永，详细了解情况，中心主任兰士林亲自去看望小磊，及时为他办理了法律援助手续，并指派中心公职律师李颖办理此案。李律师在详细了解了案情后，积极投入到工作中，准备了充分的证据材料，详细调查了小磊母亲玉兰的经济情况。在与玉兰调解不成的情况下，将其起诉到昌平区人民法院。在法庭上，李律师摆事实，讲法律，据理力争，最终昌平区人民法院全部采纳了李律师的代理意见，判决玉兰每月支付小磊生活费300元，并承担小磊一半的医疗费。

律师点评

根据我国《未成年人保护法》和《婚姻法》的规定，父母对子女有抚养教育的义务和监护的职责，而小磊的母亲在小磊身患绝症后长达10年的时间里，不仅拒不支付小磊的生活费和医疗费，而且同住一个村，却一次都没有来看过孩子，这种行为理应受到谴责。

《中华人民共和国婚姻法》第36条第1款、第2款规定："父母与子女间的关系，不因父母离婚而消除。离婚后，子女无论由父或母直接抚养，仍是父母双方的子女。离婚后，父母对于子女仍有抚养和教育的权利和义务。"虽然在小磊父母离异时小磊判归其父亲抚养，但小磊母亲玉兰对小磊的抚养义务却并不能因此而解除，仍应根据自己的经济条件支付一定的抚养费用。

根据《中华人民共和国婚姻法》规定，父母不履行抚养义务时，未成年的或不能独立生活的子女，有要求父母付给抚养费的权利。《中华人民共和国婚姻法》第37条还规定："离婚后，一方抚养的子女，另一方应负担必要的生活费和教育费的一部或全部，负担费用的多少和期限的长短，由双方协议；协议不成时，由人民法院判决。关于子女生活费和教育费的协议或判决，不妨碍子女在必要时向任何一方提出超过协议或判决原定数额的合理要求。”一般情况下，子女基于以下几种事实要求增加抚育费将会得到法院的支持：一是物价调整，原定的数额不足以维持子女的生活需要；二是子女升学，实际需求超过了原定的数额；三是子女患有疾病，抚养子女的一方无力支付全部医疗费用；四是有给付义务的父亲或母亲，经济收入增加，子女与其生活水平相差悬殊。所以，在小磊罹患绝症而父亲又无法负担之时，他有权要求其母亲增加支付生活费并负担一定的医疗费。

梁颖借贷纠纷案

案情

2004年7月的一天，一位中年妇女在其年迈母亲的陪同下来到北京市宣武区法律援助中心申请法律援助，并向工作人员哭诉了自己被"借走"8.5万元钱的经过。

她叫梁颖(化名)，是一位精神病患者。2004年的一天，一个与其相识的人借走了她多年积蓄的8.5万元钱。依据法律规定，梁颖是无民事行为能力人，其借款行为应确认为无效，对出借款项，其监护人也就是她的母亲可以主张予以返还。从表面上看，这个案子只是件普通的借贷纠纷，况且梁颖手中的两张共计8.5万元的"借条"足以证明该借款事实的存在，案情比较清晰明了，但是在律师办案的过程中，却经历了许多波折。

由于原告患有精神分裂症，对那个借钱的债务人的情况知之甚少，除其姓名和大概年龄外，其他的一概不知，这就为确定被告造成了一定的困难。代理律师首先按当事人提供的债务人的大概住所地到宣武区户籍中心进行查询，但没有找到该债务人的任何信息。扩大到全区范围查找，查出同名同姓的两个人的信息情况，但将其反馈给当事人后却均被否认。于是，代理律师又根据当事人提供的被告曾居住地的线索找到当地居委会及妇联，仍旧没有结果。在宣武区范围内查找没有结果后，只好进一步扩大范围，代理律师又联系到北京市户籍管理中心进行查询。共查出4名年龄相当、与债务人同名同姓人员的信息。根据当事人曾经提供的被告一亲戚家居住的大概地址，代理律师逐一进行排查。后经当事人仔细辨认照片，终于确定了其中的一人就是“借走”了自己 8.5 万元钱的王某。诉讼有了明确的被告，已经具备了起诉的条件。

王某承认自己知道梁颖患有精神病，但因为自己的买卖太需要资金，也就管不了那么多了。她强调自己已经出具了欠条，并不是想赖账，但是眼下没到还款的日期，手里的确没钱可还。鉴于此种情况，代理律师以王某为被告，向宣武区人民法院提起诉讼。

宣武区人民法院认定：原告梁颖患有精神分裂症（中残联为其办理了残疾证，注明为精神残疾），是无民事行为能力人，原告向被告出借 8.5 万元的行为，标的数额较大，原告对该行为的风险性和与本人生活相关联程度缺乏准确的认识，故其出借 8.5 万元的行为无效；判决被告向原告返还借款，并负担全部诉讼费用。

律师点评

本案主要涉及三方面法律问题：

第一，诉讼被告的确定问题。根据《中华人民共和国民事诉讼法》第 108 条规定：“起诉必须符合下列条件：（一）原告是与本案有直接利害关系的公民、法人和其他组织；（二）有明确的被告；（三）有具体的诉讼请求和事实、理由；（四）属于人民法院受理民事诉讼的范围和受诉人民法院管辖。”根据第二项，只有找到债务人王某，案件才能被法院受理。

第二，精神病人民事行为效力问题。根据《中华人民共和国民法通则》第 13 条规定：“不能辨认自己行为的精神病人是无民事行为能力人，由他的法定代理人代理民事活动。不能完全辨认自己行为的精神病人是限制民事行为能力人，可以进行与他的精神健康状况相适应的民事活动；其他民事活动由他的法定代理人代理，或者征得他的法定代理人的同意。”第 58 条规定：“无民事行为能力人实施的民事行为无效。”本案中，梁颖是无民事行为能力人，对自己向王某出借

8.5万元钱行为的风险性和与本人生活相关联程度缺乏准确的认识,故出借行为无效。

第三,民事行为无效的法律后果问题。《中华人民共和国民法通则》第61条规定:“民事行为被确认为无效或者被撤销后,当事人因该行为取得的财产,应当返还给受损失的一方。有过错的一方应当赔偿对方因此所受的损失,双方都有过错的,应当各自承担相应的责任。”王某事先知道梁颖患有精神病,仍向其借款,属于有过错方,其应当返还8.5万本金并赔偿梁颖因此所受到的损失。

劳动争议篇

刘文劳动争议纠纷案

案情

2003年6月19日下午，一位老工人手里拿着刚刚接到的法院的二审生效判决书到北京市法律援助中心致谢。这位老同志名叫刘文（化名），是北京市某运输有限公司的司机，51岁，因与单位存在劳动合同争议进行了一裁、两审全部的诉讼程序，而这三个程序均受到北京市法律援助中心的无偿援助。

2002年6月4日，刘文接到了单位与他终止劳动合同的书面通知。刘文离异，上有76岁的老母，下有上大学三年级的女儿，一家三口儿就他一个劳动力，自己年龄大了，除了开车不会其他的技术，再找工作非常困难。刘文心急如焚，自己已有30多年工龄，到本单位又10年有余，虽说他与单位签的劳动合同于2001年年底已到期，但自己仍在单位工作，单位也给开着工资，怎么劳动关系说解除就解除了呢？刘文觉得委屈但又不知道如何去与单位交涉，于是他想到了政府设立的法律援助中心这样的为贫困劳动者说话的机构。

市法律援助中心值班律师热情地接待了刘文，并从其提供的材料中了解到：刘文所在单位北京市某运输有限公司是于2000年7月1日从北京市沥青厂分离出来的一家企业，刘文于1992年4月到北京市沥青厂工作，并于1995年8月与该厂签订了至2000年8月的劳动合同；2000年7月1日北京市某运输有限公司成立后，刘文与沥青厂解除了签订的原劳动合同，并与某运输有限公司签订了自2000年7月1日起至2001年12月31日止的劳动合同；2001年11月15

日,某运输有限公司曾以书面形式将终止劳动合同通知书送达刘文,但双方所签订的劳动合同期满后,该公司未给刘文办理终止和档案转移手续,刘文继续在公司工作并领取工资至2002年5月;2002年5月24日,该运输有限公司经股东大会和职工代表大会表决,通过了不与刘文续订劳动合同的决定,并于2002年6月4日将书面材料送达刘文。

中心律师认为,企业不能因改名、改制而视为前后两个企业,根据《劳动法》及《北京市劳动合同规定》的相关规定,企业单方解除与刘文的劳动合同明显侵犯了劳动者的合法权益,刘文要求签订无固定期限劳动合同的要求是合法合理的,当即决定给予其援助。

2002年7月29日仲裁开庭审理此案,劳动仲裁委裁决支持申诉人刘文的请求。该运输有限公司不服仲裁裁决,起诉至朝阳区人民法院。北京市法律援助中心决定给予刘文第二次法律援助。一审判决原告与刘文之间的劳动关系于2002年5月24日终止。刘文不服,提起上诉,法律援助中心给予其第三次法律援助。2003年6月19日二审法院作出终审判决:撤销原判,北京市某运输有限公司与刘文签订无固定期限劳动合同。

律师点评

本案是涉及劳动合同期限的劳动争议。

《中华人民共和国劳动法》规定,劳动者在同一用人单位连续工作满10年以上,当事人双方同意延续劳动合同的,如果劳动者提出订立无固定期限的劳动合同,应当订立无固定期限的劳动合同。

《北京市劳动合同规定》规定,劳动合同期限届满,因用人单位的原因未办理终止劳动合同手续,劳动者与用人单位仍存在劳动关系的,视为续延劳动合同,用人单位应当与劳动者续订劳动合同;劳动者在用人单位连续工作满10年以上,劳动者要求续订无固定期限劳动合同的,用人单位应当与其续订无固定期限劳动合同。

本案涉及的焦点问题是：刘文在某运输有限公司的工作年限如何计算？某运输有限公司是于 2000 年 7 月 1 日从北京市沥青厂分离出来的一家企业，依照相关法律规定，该公司应依法承继沥青厂相应的权利和义务。刘文于 1992 年 4 月到沥青厂工作，2000 年 7 月 1 日某运输有限公司成立后，刘文与沥青厂解除了签订的原劳动合同，并与某运输有限公司签订了自 2000 年 7 月 1 日起至 2001 年 12 月 31 日止的劳动合同。合同期满后，刘文继续在公司工作并领取工资至 2002 年 5 月。因此，刘文在某运输有限公司连续工作的时间已超过 10 年，该公司应当与刘文签订无固定期限劳动合同，而单方解除与刘文的劳动合同明显侵犯了劳动者的合法权益，应当被撤销。

曲明、马峥、张京劳动争议纠纷案

案情

曲明(化名)、马峥(化名)、张京(化名)是北京市某福利厂的残疾工人。三人在厂工作时间分别为9年半、12年和8年。2000年7月由于工厂开工不足,厂方决定三人有活就上班,没活就在家待岗并开基本生活费。2002年3月厂方决定:自4月1日起厂里不再雇用他们,并且不再发给三人工资,由厂方一次性发给每人1000元,此后双方不再有任何关系。为此,曲明、马峥、张京2002年6月15日申请了劳动仲裁,要求被申诉人补缴养老保险、支付失业保险金、经济补偿金及额外经济补偿金等。2002年7月29日西城劳动仲裁委员会仲裁裁决基本上支持了申诉人的要求。厂方不服,起诉至西城区人民法院。2002年10月21日西城区人民法院判决,同样维护了曲明、马峥、张京裁定时的合理要求,厂方不服又上诉到北京市第一中级人民法院。经历了仲裁、一审的曲明、马峥、张京及其家属已筋疲力尽,曲明、马峥都已丧父且为家中独子,两位母亲都是体弱多病的退休职工,张京一家是低保户,5口人只有父亲一人有700元的退休金。正当三位残疾工人及其家人绝望之际,他们从电视上知道了有法律援助,便于2002年11月13日到北京市法律援助中心申请援助。援助中心考虑到当事人是残疾人,当即决定给予援助,指派汇泽律师事务所黄英壮律师承办此案。

中心律师与代理律师多次沟通、探讨,全身心地投入了这场为维护残疾工人合法权益的诉讼之中。因为是终审,该福利厂已是孤注一掷，因三位残疾工人本身的法律知识极其有限，在仲裁、一审中的一些基础工作做得不严谨，所以二审庭审时厂方代理人以此为据进行申辩，黄律师从法律和人道主义的角度当庭作了有力的辩论与反驳。2003年1月13日北京市第一中级人民法院作出终审判决：驳回上诉，维持原判。

律师点评

本案涉及两个主要法律问题：

第一个问题是用人单位解除劳动合同应承担的法律责任。

劳动部发布实施的《违反和解除劳动合同的经济补偿办法》规定，劳动合同订立时所依据的客观情况发生重大变化，致使原劳动合同无法履行，由用人单位解除劳动合同的，或用人单位濒临破产进行法定整顿期间，或生产经营状况发生严重困难必须裁减人员的，用人单位按劳动者在本单位工作的年限，每满一年发给相当于一个月工资的经济补偿金。该办法还规定，用人单位解除劳动合同后，未按规定给予劳动者经济补偿的，除全额发给经济补偿金外，还须按该经济补偿金数额的50％支付额外经济补偿金。

本案中，北京市某福利厂的曲明、马峥、张京在厂工作时间分别为9年半、12年和8年。但厂方在解除劳动合同时，仅一次性发给每人1000元，显然违反了法律规定，因此，曲明、马峥、张京三人在申请仲裁或诉讼时有权要求工厂依法支付经济补偿金及额外经济补偿金。

第二个问题是用人单位补缴养老保险。

《中华人民共和国劳动法》第72条明确规定，用人单位和劳动者必须依法参加社会保险，缴纳社会保险费。目前社会保险包括：养老保险、医疗保险、失业保险。如果用人单位在聘用劳动者期间未为劳动者缴纳社会保险费，劳动者可以向劳动监察部门进行举报，由劳动监察部门责令用人单位补缴并对其进行行政处罚，或者向劳动仲裁部门或人民法院提出仲裁或诉讼，判令用人单位补缴社会保险费。

五百民工拖欠劳务费用纠纷案

案情

2001年，安马建筑安装工程公司北京分公司承接了一装修工程。500多名安徽民工辛勤劳动了一年，工程完工后却没有拿到应得的劳动报酬。2003年1月20日，500多名民工听说北京成立了"外地施工人员法律援助工作站"，立刻赶来请求帮助。1月28日，距春节还有3天，为了满足民工返乡团聚的愿望，维护社会稳定，法律援助工作站协调有关部门先行筹措资金50余万元，解决了民工的路费问题，并建议他们春节后返京通过法律途径解决问题。

鉴于此案涉及人员较多的特殊情况，法律援助工作站向北京市司法局进行了全面汇报，请求为500多名民工提供法律援助，此举得到了市司法局的全力支持。北京市法律援助中心经过耐心细致的审查，特别指派了具有多年办理建筑工程方面纠纷案件经验的北京市天钲衡律师事务所古美荣律师承办此案。2003年4月8日，北京市第二中级人民法院正式立案。7月31日判决被告北京某建筑公司支付原告安马建筑安装工程公司建设工程劳务费用5034450元。被告不服，向北京市高级人民法院提起上诉。2003年11月17日，北京市高级人民法院作出判决：维持原判。

马鞍山500多名民工通过法律援助维护了自身的合法权益，作为全国首例众多外地施工人员法律援助案件，其意义远远超过案件本身，在"全国普法办"、中央电视台联合举办的"12·4"法制宣传日特别晚会上，500多名民工集体当选为2003年度法治人物。

律师点评

本案首先涉及的问题就是原告和被告如何确定？从法律关系上说，本案事实存在两个法律关系：第一个法律关系是装修工程发包方与安马建筑安装工程公司北京分公司（下称“马建”）之间的建筑工程合同关系；第二个法律关系是500多名民工与“马建”之间的劳动关系。根据法律关系的不同，可以提起两个不同的诉讼，即以“马建”为原告，以装修工程发包方为被告，以拖欠劳务费用纠纷为案由提起诉讼；或以500多名民工为原告，以“马建”为被告，以劳动争议纠纷为案由提起诉讼。由于“马建”在完成合同后，装修工程发包方并未支付合同约定的劳务费用，造成其无法支付民工的劳动报酬，因此，本案的援助律师选择以装修工程发包方为被告，以拖欠劳务费用纠纷为案由提起诉讼，并获得胜诉，从而有效地维护了500多名民工的合法权益。

这些年来，拖欠农民工工资问题呈现普遍存在、久拖不结的状态。对此，政府有关部门对民工的劳动工资管理力度逐年加大，从中央到地方，纷纷出台措施帮助农民工追讨工资：2004年1月初，国务院办公厅发出《关于切实解决建设领域拖欠工程款问题的通知》；1月7日，建设部会同国家发改委等七大部门公布对解决建设领域拖欠工程款问题的意见，明确各地要建立农民工法律援助制度。在这一案件中，“外地施工人员法律援助工作站”发挥了重要作用，由专业人员提供的法律援助，对于身陷困境的农民来说，可以说是雪中送炭。

福利企业残疾职工劳动争议纠纷案

案情

2004年初，北京市石景山区法律援助中心承办了一起20位残疾人诉某福利建筑安装公司劳动争议案，该案已历时一年半，中心连续为这20位残疾人提供法律援助，从仲裁到一审、二审，直到2005年5月份该案仍在审理中。

事情追溯到2003年12月的一天，14位残疾人到石景山区法律援助中心寻求帮助，这些残疾人都是北京市某福利建筑安装公司(下文简称福利公司)的职工，该公司前身是某综合福利社，1990年更为现名。福利公司因开工不足，自1994年4月至2002年5月让大部分职工待岗，福利公司没有为其所属职工办理社会保险和大病统筹，也未发给职工最低生活费。这些残疾人中有7位是福利公司的正式职工，签订有劳动合同，但是经过一段时期待岗后，被福利公司以不同借口单方解除了劳动合同；而另7位残疾人则是福利公司的临时工，也被福利公司以不同借口辞退。现在他们想回到公司上班，但公司认为已经解除了劳动关系，不同意其继续工作；他们想让福利公司补偿其待岗期间的基本工资和“三险”，也遭到公司的拒绝。区法律援助中心的同志从他们口中还得知，类似情形的还有6个人，总共为20个人。

区法律援助中心认为此案涉案人数多，社会影响面大，当事人又都是有身体缺陷的残疾人，一旦处理不当很容易激化矛盾，因此，及时受理了他们的申请，指派方正律师事务所的李弘晟律师办理此案。

因20位当事人的情况各不相同，通过大量的调查取证和仲裁庭辩论、质证，12人的仲裁请求得到支持和部分支持。但是漫长的诉讼道路才刚刚开始。2004年4月，一边，仲裁败诉的黄某等8人提起了诉讼；另一边福利公司不服仲裁裁决，也对仲裁胜诉和部分胜诉的牛某等8人提起了诉讼；同时，仲裁部分胜诉中的孙某等4人也因不服仲裁裁决提起了诉讼。这20位残疾人同时又申请了法律援助。针对这种情况，石景山区法律援助中心“以人为本”、“一援到底”，又指派开创律师事务所王勇和何富贵两位律师一同承办此案。

石景山人民法院一审判决结束后，各方利益仍然未能得到满足。2005年3月，福利公司不服一审判决，又对牛某等8人提起上诉。石景山区法律援助中心再一次提供法律援助代理诉讼。2005年4月，黄某等8人又经仲裁败诉后（与前一次仲裁内容有所不同）再次提起了一审诉讼，石景山区法律援助中心指派律师继续承办此案。

律师点评

本案中的北京市某福利建筑安装公司系一家福利性企业，根据《中华人民共和国残疾人保障法》第29条规定：“国家和社会举办残疾人福利企业、工疗机构、按摩医疗机构和其他福利性企业事业组织，集中安排残疾人就业。”该法第42条还规定：“残疾人所在单位、城乡基层组织、残疾人家庭，应当鼓励、帮助残疾人参加社会保险。”该福利建筑安装公司作为一家福利性企业，更应当积极维护残疾人劳动和参加社会保险的权利。虽然其因开工不足让大部分职工待岗，但这并不能成为其不办理社会保险和大病统筹、也不发给职工最低生活费的理由。

根据劳动部《关于贯彻执行〈中华人民共和国劳动法〉若干问题的意见》第58条规定，企业下岗待工人员，由企业依据当地政府的有关规定支付其生活费，生活费可以低于最低工资标准。该意见第74条同时规定："企业富余职工、请长假人员、请长病假人员、外借人员和带薪上学人员，其社会保险费用仍按规定由原单位和个人继续缴纳，缴纳保险费期间计算为缴费年限。"因此，该福利建筑安装公司应当补发员工待岗期间的基本生活费用并补缴所欠社会保险费用。

另外，无论是对于该企业的正式职工还是临时工，只要不是因劳动合同到期而解除合同的，该企业就要根据该职工在本企业工作的年限给予不超过12个月本单位上年度平均工资的经济补偿金。

孙某人事争议纠纷案

案情

2003年4月,北京市房山区法律援助中心援助了一起特殊的人事争议案。当事人孙某毕业于北京某大学,1987年起在某科学研究院从事科研工作。1996年,因患精神分裂症,孙某多次治疗休养,病情稳定后又回研究院工作。1999年9月19日,孙某向研究院提交了辞职报告,以自己不适应做科研工作为由请求调动,研究院表示同意,后孙某到其他单位试用,但一直未办理调动手续。自1999年12月起,研究院开始停发孙某工资。2000年2月14日,研究院发出书面通知,以孙某擅离工作岗位为由,对其按自动离职作出处理,但该处理决定没有向孙某及其家属送达。2003年4月8日,孙某在得到房山区劳动争议仲裁委员会不予受理决定后,向房山区人民法院提起了诉讼,要求研究院撤销对其按自动离职处理的决定,补发自1999年12月起至执行终结止的工资,支付孙某家属处理此事的差旅费。

区法律援助中心指派国宁律师事务所徐立新律师办理此案。徐律师在分析了案件的事实后,与当事人配合,收集了11份证据,各个证据之间相互印证,形成了完整的证据链,足以证实孙某是在提交请调报告之前就患有精神分裂症,研究院开除患有精神分裂症的孙某,不仅实体违法,而且程序也不合法。这些证据在法庭上得到了认证,房山区人民法院支持了孙某的诉讼请求。研究院不服判决结果,提起上诉。北京市第一中级人民法院审理后认为,研究院系事业单位法人,该单位未实行劳动合同制,孙某与该单位的争议为人事争议,应首先通过人事争议的渠道解决，撤销了房山区人民法院的判决书。

徐律师继续无偿为孙某办理仲裁事项。他代孙某向中央国家行政机关在京直属事业单位人事争议仲裁委员会提出人事仲裁申请。委员会在 2004 年 4 月 12 日作出裁决，撤销了研究院对孙某按自动离职处理的决定，恢复人事工作关系，按工资的 80％的标准补发孙某自 1999 年 12 月至 2004 年 2 月的病假工资，并支付其家属交通费及住宿费。

裁决作出后，研究院不服裁决结果，向房山区人民法院提起了诉讼，要求撤销裁决。2004 年 10 月 25 日，房山区人民法院作出判决，撤销了研究院对孙某的处理决定；按本单位相应期间内同等职称人员工资的 80％的标准补发孙某自 1999 年 12 月起至判决给付之日止的工资；支付孙某家属因处理此事所花交通费及住宿费 2321 元。研究院一方不服一审判决，再次提起上诉。2005 年 3 月 17 日，北京市第一中级人民法院二审维持了房山区人民法院的判决。研究院在拿到终审判决后，主动与孙某家属联系，要求履行终审判决内容，此案终于画上了圆满的句号。

律师点评

《最高人民法院关于人民法院审理事业单位人事争议案件若干问题的规定》第 1 条规定："事业单位与其工作人员之间因辞职、辞退及履行聘用合同所发生的争议，适用《中华人民共和国劳动法》的规定处理。"这里的适用是指人民法院审理事业单位人事争议案件的程序运用《中华人民共和国劳动法》的相关规定，而实体处理仍应当适用人事方面的法律规定，但涉及事业单位工作人员劳动权利的内容在人事法律中没有规定的，适用《中华人民共和国劳动法》的有关规定。

与劳动争议相同，人事争议案件也必须先经过仲裁才能进入司法程序，但仲裁的机构应当是人事争议仲裁委员会，而非劳动争议仲裁委员会。因此，本案在2003年审理时，北京市第一中级人民法院撤销了房山区人民法院的判决，而在2005年本案经过人事仲裁后北京市第一中级人民法院又支持了房山区人民法院的判决。

目前在我国，事业单位还没有一套整体的人事管理法律法规，人事管理的单项政策规定也不健全，因此需适用《劳动法》的相关规定。根据《劳动法》的规定，劳动者患病或者负伤，在规定的医疗期内的，用人单位不得解除劳动合同，即使医疗期满后，用人单位解除劳动合同也应当提前30日以书面形式通知劳动者本人。人事部《关于在事业单位试行人员聘用制度的意见》也规定，患职业病以及现有医疗条件下难以治愈的严重疾病或者精神病的，聘用单位不得解除聘用合同。孙某在提交请调报告之前就患有精神分裂症，尚未治愈，其单位在此情况下将其辞退，且该处理决定始终没有向孙某及其家属送达的做法，明显违反法律和相关部门的规定。

费心劳动合同纠纷案

案情

2003年12月，手拄拐杖、衣衫褴褛的费心第一次走进了北京市西城区法律援助中心的大门。疲惫蜡黄的脸庞几乎让工作人员不敢将面前的她与身份证上那个神采奕奕的年轻妇女联系起来。费心拿出一大堆材料向值班律师和工作人员说起了自己的遭遇。

1993年，费心调入北京新农农场管理局（化名）设计所工作。当时北京市顶亲（化名）工程咨询公司（以下简称顶亲公司）与北京新农农场管理局设计所同为北京市新农农场管理局（以下简称农场局）的分支机构，两单位合署办公。1996年12月19日，顶亲公司与费心签订无固定期限的劳动合同。后农场局又成立了北京市土木（化名）建筑设计有限公司（以下简称土木公司）。土木公司的工作人员均来自于顶亲公司，所有员工未签订新的劳动合同。但是2000年5月8日，土木公司作出了解除费心劳动合同的决定。6月11日，土木公司与费心解除了劳动合同关系。

费心认为既然与单位签订了无固定期限的劳动合同，单位就不应该无故解除合同，于是向西城区劳动仲裁委员会申请了劳动仲裁。2000年9月14日，西城区劳动仲裁委员会作出裁决，裁定土木公司支付费心经济补偿金，但驳回了费心要求恢复劳动关系的请求。费心不服仲裁裁决，向西城区人民法院提起诉讼，要求土木公司补发工资并撤销解除劳动合同的决定。西城区人民法院经审理后于2000年11月24日作出了判决，驳回了费心的诉讼请求。由于对一审判决不服，费心向北京市第一中级人民法院提起了上诉，2001 年 6 月 26 日北京市第一中级人民法院作出终审判决，维持西城区人民法院的一审判决。至此，费心打输了官司，成为了失业人员，开始在街道领取最低生活保障金。

2003 年，经费心申请，北京市第一中级人民法院再审此案，作出了撤销原判决、发回西城区人民法院重审的决定。打了三年多的官司，此时的费心已经是身心疲惫，虽然案子有了转机，可她也失去了聘请律师的经济能力。此时，她听说政府出台了《法律援助条例》，抱着最后一搏的心态，费心拿着发回重审通知书来到了西城区法律援助中心。

在审查了费心的案件材料和低保证明后，西城区法律援助中心认为其符合法律援助条件，并于 2004 年 1 月 15 日作出决定给予费心民事代理法律援助。由于案情复杂，西城区法律援助中心决定指派北京市法律援助优秀律师屈京德和工作人员刘研为费心的代理人。代理人在仔细分析案情、审查案卷材料后，认为原判决存在以下问题：费心的无固定期限劳动合同是与顶亲公司所签，而并非与土木公司签订；在原合同未解除前，费心和顶亲公司存在劳动关系而与土木公司没有劳动关系。同时，土木公司在原审期间向法院提供的一份证明引起了代理人的关注。该证明承认顶亲公司与土木公司是一套人马，两块牌子。那么，费心在土木公司工作实际就是在顶亲公司工作，劳动关系一直存续，而土木公司无权解除费心的劳动合同。

2004 年 3 月到 7 月间，西城区人民法院两次开庭公开审理费心诉土木公司劳动合同纠纷案，费心及代理人屈京德、刘研和土木公司出庭参加了诉讼。2004 年 11 月 12 日，西城区人民法院经过审理作出判决：确认原告费心与被告土木公司及顶亲公司存在劳动关系，撤销了土木公司解除费心劳动合同的决定；判令土木公司及顶亲公司支付费心 2000 年 6 月至 2003 年 9 月 30 日的工资，土木公司及顶亲公司为费心补缴自 2000 年 6 月至 2003 年 9 月 30 日的养老、失业、医疗保险，土木公司及顶亲公司为费心办理退休手续，土木公司及顶亲公司向费心支付2003年10月1日起至其退休手续办理完毕之日止的基本养老金。由于被告土木公司及顶亲公司不服西城区人民法院判决，向北京市第一中级人民法院再次提起了上诉。西城区法律援助中心继续给予费心法律援助。2005年初，北京市第一中级人民法院作出终审决定，维持原判。

至此，费心历时4年经劳动仲裁、一审、二审、再审、终审五个程序，最终在西城区法律援助中心的帮助下打赢了这场官司。

律师点评

本案的关键在于确定费心与土木公司及顶亲公司的法律关系。在本案中顶亲公司与土木公司同属于北京市新农农场管理局，并且土木公司的工作人员均来自于顶亲公司，其中包括本案当事人费心。而1996年12月19日，顶亲公司与费心签订了无固定期限的劳动合同，但土木公司并未与费心重新签订劳动合同，顶亲公司依然存在，并且与土木公司是一套人马，两块牌子，因此，费心虽然隶属土木公司，其实质仍然是在为顶亲公司服务，其与顶亲公司所签订的劳动合同依然有效，也只有顶亲公司才有权解除其劳动合同。如果顶亲公司和土木公司否认其同一性的话，可以认定：费心与顶亲公司存在劳动合同关系，与土木公司存在事实劳动关系。

劳动合同的解除是指劳动合同订立后、尚未全部履行以前，由于某种原因导致劳动合同一方或双方当事人提前消灭劳动关系的法律行为。本案之所以如此曲折，一个重要的原因是费心在当初的仲裁及原一审、二审诉讼中对该劳动合同纠纷的认识有偏差：本案中劳动合同的双方当事人为费心与顶亲公司，土木公司解除其与费心的劳动关系，并不等于顶亲公司与费心的劳动合同被解除，换句话说，除非是以两公司的名义共同作出解除劳动合同的决定，否则费心与顶亲公司的劳动合同依然有效。因此，费心在土木公司作出了所谓的解除决定后，首先可要求顶亲公司安排工作岗位及提供劳动报酬和福利待遇，如果遭到拒绝，则可以顶亲公司为被告（被申请人）提起劳动仲裁或诉讼。本案的承办律师通过细致深入的调查，找准了切入点，维护了费心的合法权益。

张小平人事争议纠纷案

案情

2005年1月17日，北京市法律援助中心援助的一裁二审女博士生张小平（化名）人事争议纠纷案，经过一年多艰难的诉讼，终于拿到了北京市第二中级人民法院的终审胜诉判决书。这是本市少有的面对高层知识分子的援助案件。

张小平1999年7月获硕士学位，毕业后与某科学院研究所签订了《毕业生服务协议书》，后一直在该所工作。2002年经单位同意，张小平考取了在职博士。但是，2003年7月，张小平所在单位通知她，因其考取博士，且研究方向与本所没有关联，根据该所规定，必须自动离职，双方不再存在任何的人事劳资关系；8月，张小平拿到了单位"关于同意张小平辞职的决定"的书面通知；9月，该所将张小平的人事档案转到了院人才交流中心，停发了其工资及相关福利待遇。张小平大惑不解，报考博士是经单位同意的，况且自己从来没有提出过辞职，单位怎么就"同意"其辞职并停发一切工资及福利待遇呢？张小平积极与单位协商解决问题，但协商多次无果。她又向院纪检监察、人事部门反映情况，仍然没有结果，这使得其本人精神及家庭经济处于极度窘迫状态，本想读博士提高科研能力，不料却平地起风波，自己上学、儿子上学，却没有任何收入。无奈之下，张小平向北京市法律援助中心提出法律援助申请。市法律援助中心非常重视这一申请，特别是对该身份的当事人能否作为法援对象进行了集体研究，考虑到张小平当时的生活处境且有经济困难的证明，最终决定予以受理。

张小平向海淀区人事仲裁委员会提出人事仲裁申请，要求撤销研究所作出的同意自己“辞职”的决定，确认自己与该所继续存在劳动人事关系，补发工资及相关福利待遇。经开庭审理，海淀区人事仲裁委员会作出裁决：撤销被申请人“关于同意张小平辞职的决定”，驳回其他诉讼请求。张小平不服，再次申请法律援助并诉至海淀区人民法院，一审法院维持了区人事仲裁委员会的仲裁结果。张小平对此判决提起上诉，并又一次申请法律援助。承办律师认为，研究所“关于同意张小平辞职的决定”因不合法被撤销，故张小平仍属于研究所的工作人员，研究所也未能举证考取其他方向专业的博士应离开单位、停发工资及福利待遇的规定，张小平要求研究所补发工资及福利待遇理由正当。2005 年 1 月，北京市第二中级人民法院对原审判决予以变更，判决研究所按月补发张小平工资、津贴、住房公积金等费用。

律师点评

本案是事业单位与其工作人员之间因辞退问题发生争议的人事争议案件。目前在我国，行政机关有《公务员法》，企业有《劳动法》，唯独事业单位没有一套整体的人事管理法律法规，人事管理的单项政策规定也不健全。根据《劳动法》的规定，只有与事业组织建立劳动合同关系的人员才适用劳动法，这就导致在事业单位工作的非合同制人员与其单位发生人事争议时，不知该依据什么法律来维护自己的权利。

为解决这一问题，最高人民法院于 2003 年发布了《最高人民法院关于人民法院审理事业单位人事争议案件若干问题的规定》，明确指出，事业单位与其工作人员之间因辞职、辞退及履行聘用合同所发生的争议，适用《中华人民共和国劳动法》的规定处理。2004 年《最高人民法院关于事业单位人事争议案件适用法律等问题的答复》进一步明确了"适用《中华人民共和国劳动法》的规定处理"是指人民法院审理事业单位人事争议案件的程序运用《中华人民共和国劳动法》的相关规定，人民法院对事业单位人事争议案件的实体处理应当适用人事方面的法律规定，但涉及事业单位工作人员劳动权利的内容在人事法律中没有规定的，适用《中华人民共和国劳动法》的有关规定。在本案中，张小平是经单位同意考取在职博士的，并未违反任何人事管理制度和单位规定，单位将其辞退的行为侵犯了其劳动权利，因此二审法院对原判予以变更，判决研究所按月补发张小平工资、津贴、住房公积金等费用，维护了其合法权益。

187 名民工劳务费用纠纷案

案情

2002年12月30日，山东省某公司承接了北京市通州区一住宅楼建设工程后，将工程劳务分包给包工头仝某。很快，仝某就招来200多名河北籍民工干活儿。2003年5月，北京遭遇“非典”，迫于无奈，仝某带着民工离开施工现场。后来，公司以此为由拒绝支付劳务费，这些民工60多万元的工资没了着落。2003年5月，以赵龙为首的37名民工向市法律援助中心申请法律援助并获批准。6月8日上午，此案在海淀区人民法院开庭，庭审中第一被告山东省某公司称与原告间没有任何劳务关系，只与仝某签订了劳务分包合同，且公司与仝某承包合同纠纷正在丰台区人民法院立案审理中，该案因与本案有实质影响，故申请法院中止本案的审理，并且不同意支付原告的劳务费。第二被告仝某称山东省某公司仅支付给其劳务费12万元，连支付民工的饭钱都不够，亦没有能力支付原告劳务费。

海淀区人民法院经审理认为，仝某与某公司签订建设工程劳务承包合同后，带领赵龙等民工到工地施工，公司虽然未与赵龙等37名民工签订劳务合同，但根据赵龙等提供的证据可以证明其在公司承接的工程中从事了劳务，双方已经形成事实上的雇佣关系，故某公司应支付劳务费；判决山东省某公司给付赵龙等37名民工劳务费12万余元。

山东省某公司不服一审判决上诉至北京市第一中级人民法院，北京市第一中级人民法院驳回了山东省某公司的上诉，作出了维持原判的决定。判决后，市法援中心的韩静波律师为这些民工代书了强制执行申请书，递交到海淀区人民法院。12 月 20 日，37 名民工终于从法院拿到了早该结清的工资。

与此同时，在同一工地务工的河北籍民工又有 150 人向市法援中心申请法律援助。考虑到需要援助的人数众多，当事人经济困难，又赶上农村秋收季节，中心派出工作人员丁爱筠、陆华宝、韩静波三名同志到河北省曲阳县上门提供法律服务。与这 150 位民工签订了法律援助协议，办理了授权委托书，并代其向海淀区人民法院递交了民事起诉状、缓交诉讼费申请书等相关法律文书。

海淀区人民法院再次受理了这一案件。2004 年 12 月 20 日，海淀区人民法院作出判决，判定山东省某公司给付这 150 名民工劳务费 40 多万元。

律师点评

劳务关系，是指劳动者与用工者根据口头或书面约定，由劳动者向用工者提供一次性的或者是特定的劳动服务，用工者依约向劳动者支付劳务报酬的一种有偿服务的法律关系。目前建筑市场劳务形式主要是“包工头”带队的零散用工，施工企业一般不和农民工签订劳动合同，不办理社保关系，而由“包工头”出面签订承包协议，凭农民工完成的劳务工作量结算劳务工资。

拖欠民工工资问题是近些年来建筑行业较为突出的问题，已引起社会各方面的关注。2003 年 9 月 30 日，国家劳动和社会保障部、建设部联合下发了《关于切实解决建筑业企业拖欠农民工工资问题的通知》，其中规定了用人单位必须以法定货币形式按时足额支付劳动者工资，不得以任何名目拖欠和克扣。

由于民工和用人者之间形成的是短期、临时的劳务关系，所以提供劳务的民工如被拖欠工资，无须经过劳动仲裁这一程序就可直接起诉到法院。根据《北京市建筑施工企业劳动用工和工资支付管理暂行规定》,建筑施工企业不得以工程款被拖欠、结算纠纷、垫资施工等理由克扣劳动者工资。该规定第 11 条还指出,建筑施工企业应当将工资直接发放给劳动者本人,不得将工资发放给“包工头”或者不具备用工主体资格的其他组织或个人。本案中的 187 名民工虽然未与山东某公司签订劳务合同,但根据他们提供的证据可以证明在山东某公司所承包的工程中从事了劳务,双方已经形成事实上的雇佣关系,因此,山东省某公司不能以其与仝某承包合同纠纷案正在审理为由拒绝支付这些民工劳务费用。

人才开发中心侵权纠纷案

案情

2005年7月，北京市海淀区法律援助中心受理了一起特殊的法律援助案件。

来自浙江省临海市杜桥镇的8位农民于2002年12月8日与中国州际人才开发中心（化名）浙江分部（被告）签订了《外派劳务协议书》，规定这8人作为劳动工人前往马来西亚工作，劳务合同期为两年，8名劳工在马来西亚工作期间，由用工方支付劳务工资，期满后由用工方提供回国机票；8名劳工支付中介费、交通费、培训费等费用。后这8名劳工被安排前往马来西亚吉隆坡的“汝来机械有限公司”从事建筑粉刷工作，并由用工方办理了第一年的“技术工作准证”。但在第一年工作准证即将到期时，8名劳工提出请用工方续办技术工作准证，但是用工方既没有为他们续办工作准证，也不肯提供回国机票，还无理扣发劳务报酬。为避免成为非法滞留人员，8名劳工不得不凑钱自行购买了2004年2月21日的回国机票。临上飞机时，他们被吉隆坡州际机场海关移民局扣押，以非法入境罪被判入狱，出狱后被送到难民营，前后失去人身自由达64天之久，原因是其所持的由用工方提供的工作准证存在问题。被释放后，8名劳工在马来西亚华侨及驻马使馆的帮助下，用家人寄来的钱重新购买了机票，于2004年4月底返回祖国。回国后他们遂提起诉讼，经杭州市中级人民法院裁定转由北京市海淀区人民法院管辖后，8位劳工从异地向海淀区法律援助中心提出法律援助申请。

中心十分重视这起涉外劳务纠纷案件，挑选在涉外案件方面有丰富经验的北京市大洋律师所的王德燕、刘晓彤律师承办此案。两位律师多次走访外交使馆和相关单位，尽力联系知晓案情的相关证人，克服跨国取证程序的繁琐，几经调查论证，最终确认：从双方签订的《外派劳务协议书》到纠纷发生的全过程来看，被告确对原告构成侵权，理由为：

1. 存在侵权故意和侵权结果

被告作为经营劳务输出业务的单位，在外派劳务时应了解输入地（马来西亚）的相关法律。马来西亚政府的政策是要引进熟练及高技术劳工从事工作，而原告是浙江农民，到马来西亚吉隆坡从事建筑粉刷的普通劳务，不属于马来西亚接收中国对外劳务的对象。中国公民以旅游签证、留学签证、商务签证等到马来西亚工作属于不合法行为，如被发现，马来西亚警方有权拘留。而被告为原告出具的是3个月的商务签证，且其签署外派劳务协议、提供商务签证的行为均存在侵权故意；原告在马来西亚遭受关押、失去人身自由、遭受财产损失的侵权事实有充足证据予以证实，也即出现了侵权结果。

2. 侵权故意与侵权结果之间存在因果关系

由于被告未向原告讲明劳务输入国的用工条件，出具不具备用工资格的商务签证，直接导致原告在异国他乡遭受牢狱之灾，造成了极大的精神伤害和财产损失，为此，被告所属的中国州际人才开发中心应当承担侵权责任，对原告遭受的损失进行赔偿。

2005年9月28日下午，原告代表林木、王吉（化名）及其两位代理律师、被告代理人到庭参加了庭审。原告方代理律师以精湛的专业水平、雄辩的技巧和精心的准备工作，赢得了这场官司的胜诉。最后，海淀区人民法院判决被告所属的中国州际人才开发中心向8名原告每人支付赔偿款27500元，并免去8名原告每人应承担的2100元诉讼费。

律师点评

目前，一些境外就业中介机构与劳务人员所签的对外劳务合作合同内容不严谨、不合理、不合法的现象十分严重，外派劳务人员的合法权益屡屡受到侵害。

根据劳动和社会保障部、公安部、国家工商行政管理总局颁布的《境外就业中介管理规定》中第10条第1款规定，境外就业中介机构应当核查境外雇主的合法开业证明、资信证明、境外雇主所在国家或者地区移民部门或者其他有关政府主管部门批准的招聘外籍人员许可证明等有关资料。本案中的中国州际人才开发中心浙江分部作为经营劳务输出的单位，在与这8名农民签订《外派劳务协议书》时就应当知道他们不符合马来西亚的用工条件，而且中国公民以商务签证等到马来西亚工作属于不合法行为，如被发现将被拘留，但仍为其出具为期3个月的商务签证，导致这8名劳工的合法权益受到侵害，因此应当对这一侵害结果承担责任。

《中华人民共和国民事诉讼法》第49条第1款规定："公民、法人和其他组织可以作为民事诉讼的当事人。""其他组织"包括法人依法设立并领取营业执照的分支机构。故在本案中可以以中国州际人才开发中心浙江分部为被告，法院判决浙江分部承担赔偿责任后，如果在执行中浙江分部没有足够的财产支付赔偿金的话，根据《最高人民法院关于适用〈中华人民共和国民事诉讼法〉若干问题的意见》第272条"其他组织在执行中不能履行法律文书确定的义务的，人民法院可以裁定执行对该其他组织依法承担义务的法人或者公民个人的财产"的规定，8名民工可以要求法院执行中国州际人才开发中心的财产用于支付赔偿费用。

56 名民工劳务费用纠纷案

案情

2005年8月18日上午，一群农民工涌进了北京市丰台区法律援助中心。原来，这群农民工都在河北鑫鑫建筑公司（化名）的一个项目部承建的丰台区世界公园附近某别墅建筑工地打工，从事木工、钢筋工、打混凝土等工作。他们一共56人，从2005年5月21日开始一直干到7月1日，老板突然叫他们停工，却拒绝给其结算工资。眼看一个多月的辛苦劳动要付诸东流，愤怒的工人们找到包工头李云（化名）索要工资，但是由于承包方以种种借口拖延支付工程款，致使李云无法给工人结算工资。于是几个农民工代表一天24个小时追着李云要钱，甚至对他拳打脚踢，最后，民工们拥着李云来到区法律援助中心，希望通过法律途径要回工资。

中心主任立刻意识到情况十分紧急，她一方面担心包工头李云的人身安全，同时也担心事情拖延下去50多位民工会有过激的行为，后果不堪设想，于是立即将该案件指派给一直专注于农民工维权、办案经验丰富的致诚律师事务所肖卫东律师。

肖律师接到指派后，当天中午就在律师事务所会见了民工代表和包工头李云，查阅了他们提供的唯一的证据，即2005年7月6日在工人们的追讨下工程承包方负责人张林（化名）给李云开具的一份欠条。但是欠条上既没有河北鑫鑫建筑公司的印章，也没有张林的私章或手印。对于河北鑫鑫建筑公司是否存在、是否在北京登记、法定代表人是谁、张林的家庭住址等基本情况，民工们一无所知。经验丰富的肖律师认为，本案由于缺乏基本的证据，如果通过向劳动监察大队举报，或向劳动争议仲裁委员会申请仲裁，或向法院起诉等方式追讨欠款，存在巨大困难，而且通过这些正规方式解决问题存在着时间长、效率低的弊端。

为了能以最快的途径解决问题，肖律师当机立断，决定与工程承包方负责人张林直接见面协商。这样做即使不能通过调解达到立刻付款的目的，至少也能较快了解清楚工程的建设单位、发包方等具体情况，以及河北鑫鑫建筑公司的资质状况、张林的身份情况等。见面后，肖卫东律师开门见山地要求对方按欠条上的金额支付款项，遭到了张林的断然拒绝，张林不仅想赖账，还叫来工地的工人，欲以武力相威胁。面对这种情况，肖律师沉着、冷静，将事情的状况分析给对方听，告诉他们，这 17000 多元数目不大，却是 50 多个民工的血汗钱，如果不支付可能会出现难以想像的后果，严重的会出现工程停工、劳动部门罚款、媒体曝光、建设部门驱逐等一系列现实问题。一席话有理有据，说得张林等人一声不吭，沉默良久，张终于说："我真的没钱，最早也要等到明天我给你想办法。"肖律师坚决地说：绝对不行，今晚至少要支付 1 万元，其余的可以等到明天。经过又一番交涉，张林当场支付了现金 7000 余元，并重新开具欠条，表示余款次日结清。为了防止对方再耍花招拖欠款项，第二天，肖律师带着李云及民工代表亲自找张林要回了余下的 1 万元钱，并且眼看着李云将追回的钱款发到民工代表手中。

律师点评

拖欠民工工资是近些年来建筑行业较为突出的问题。由于缺少法律知识，当遇到工资被拖欠的情况时，理智地通过法律途径寻求问题解决的农民工只是少数，大部分农民工选择了忍气吞声，还有部分农民工采用暴力讨账、聚众上访等错误的方法，有的甚至为追讨工钱采用了非法的、非理性的手段而走上了犯罪道路。本案中所述情况就非常具有代表性。

根据2004年9月6日劳动和社会保障部与建设部颁布的《建设领域农民工工资支付管理暂行办法》第3条规定："企业必须严格按照《劳动法》、《工资支付暂行规定》和《最低工资规定》等有关规定支付农民工工资，不得拖欠或克扣。"《劳动保障监察条例》还规定，克扣或者无故拖欠劳动者工资报酬的，由劳动保障行政部门责令限期支付劳动者的工资报酬。逾期不支付的，责令用人单位按照应付金额50%以上1倍以下的标准计算，向劳动者加付赔偿金。因此在遇到这类问题时，民工完全可以根据以上法律规定向劳动保障行政部门举报，并要求企业及时支付工资，通过法律手段保护自己的合法权益。但因本案证据不够充分，如通过法律途径来解决需要较长时间，而这些愤怒的民工随时可能出现一些过激的行为，因此本案律师通过与工程承包方负责人直接见面协商，晓之以理、动之以情，在最短的时间内为民工追回了工资，快速有效地解决了问题。

残疾职工行政诉讼案

案情

2004年4月份，北京市海淀区所属的福利企业铁木安公司（化名）的十多位残疾人的监护人来到海淀区法律援助中心，反映该企业的法定代表人违法申请注销企业，导致企业的残疾人职工各种社会保险无法办理的侵权情况，请求法律援助。

海淀区法律援助中心认真地接待并听取了他们反映的情况，感到这起案件确实复杂，这些残疾人属于智残，与其他残疾人的情况有所不同。此案在实体上既涉及行政法律关系，也涉及民事法律关系；在程序上，既要复议又可能发生诉讼。解决起来难度大，工作量大，影响大。中心认为，应该最大限度地为他们提供法律上的援助。

海淀区法律援助中心特别指派了北京市雪野成融律师事务所承办此案。代理律师以北京市工商行政管理局为被告，依法向海淀区人民法院提起行政诉讼。海淀区人民法院公开审理了此案。

11名残疾人在起诉书中提出，铁木安公司是在海淀区民政局注册的社会福利企业，他们11人都是该企业的残疾职工、股东。2004年年初，他们得知工商行政管理局海淀分局注销了自己的企业。职工们认为铁木安公司未按《公司法》的规定由股东组成清算组；注销申请未按照《福利企业管理暂行办法》经民政部门主管机关确认；未完成职工工资和劳动保险费用项目，在这种情况下工商机关准予铁木安公司注销，违反了法律程序，致使11名残疾人至今不能办理各项社会保险，损害了残疾人股东的合法权益。此外，工商机关依据铁木安公司提供的同意企业注销决议的股东签字是伪造的，工商机关在审核该决议时也没有尽到审核义务，使假签字顺利过关。

该案被告在答辩中称，工商机关在办理铁木安公司企业注销事项过程中，按照规定要求申请人提交了相关的各项文件，包括企业清算报告和股东会决议、股东签字等，因此不存在未尽审核义务的情况。我国《公司法》并未规定注销福利企业必须经过民政部门同意，《福利企业管理暂行办法》不能和《公司法》相对抗。

铁木安公司注销后，作为第三人的原企业经理李某在法庭上说，铁木安公司在注销前进行了企业清算，企业转让协议也经过残疾人职工的监护人签字同意；每名残疾职工都领取了两万元的转让费；上报给工商机关的企业注销股东决议确实是别人代签的名字。

海淀区人民法院审理后于 2004 年 12 月 20 日作出判决：撤销北京市工商行政管理局准予铁木安公司注销的决定。

海淀区社会福利办公室的领导表示，他们可以先行垫付残疾人保障金，以解决残疾人的燃眉之急；同时表示：一定会按照海淀区人民法院生效的判决积极解决本案中残疾人的社会保障问题。

律师点评

建立福利企业，促进残疾人就业，对改善残疾人生活状况、提高其社会地位具有重要作用。本案中的铁木安公司就是一个福利企业，但由于工商机关审核不严，导致铁木安公司被注销，使这些残疾人失去了就业机会，不能办理各项社会保险，严重损害了其合法权益。

企业注销属于行政许可的范围，通常情况下，行政机关的审查属于形式审查，只要申请事项属于行政机关职权范围、申请材料齐全、符合法定形式，就会予以许可。根据《中华人民共和国企业法人登记管理条例》第 21 条规定："企业法人办理注销登记，应当提交法定代表人签署的申请注销登记报告、主管部门或者审批机关的批准文件、清理债务完结的证明或者清算组织负责清理债权债务的文件。经登记主管机关核准后，收缴《企业法人营业执照》、《企业法人营业执照》副本，收缴公章，并将注销登记情况告知其开户银行。”但工商机关在铁木安公司既未得到民政部门主管机关确认，又未付清职工工资和社会保险费费用的情况下就许可其注销，未尽到审核义务。

另外，根据《中华人民共和国行政许可法》的规定，申请人申请行政许可，应当如实向行政机关提交有关材料和反映真实情况，并对其申请材料实质内容的真实性负责。在本案中，铁木安公司未向工商机关反映真实情况，应对此行为负责。《中华人民共和国行政许可法》还明确规定，对不具备申请资格或者不符合法定条件的申请人准予行政许可的，应当予以撤销。因此，法院最终依法撤销了市工商行政管理局的注销决定无疑是正确的。

河南农民工董希劳动争议纠纷案

案情

2004年，北京的春天早早让人们感受了她的热情，但这可能是来自河南省上蔡县的农民工董希（化名）经历过的最寒冷的春天。几年前抱着致富梦想来京的他，怎么也没想到自己会在异乡被强大的病魔击倒。

2004年2月中旬，感到身体不适的董希到人民医院检查，诊断书上的几个字却如晴天霹雳——“尿毒症终末期”。根据医生的治疗方案，董希每月要花费6000元的医药费进行血液透析治疗，否则他就只有立即面对死神一条路。可对于这个上有老下有小的外地打工者来说，这无疑是天文数字。他想起以前听朋友说，得病后单位会帮助职工报销一些医药费。于是，董希找到其工作单位。但是让他没有想到的是，他不仅没有得到单位的帮助，反而被告知“在2月初因你旷工已被开除了，患病时你与我们已经没有任何关系，别再来找公司要钱”。董希感到非常委屈，他在工作中勤勤恳恳，从来没有旷工，难道单位就是为了不给报销医药费，而把自己“扫地”出门了吗？

从那以后，身体每况愈下的董希万念俱灰。直到有一天，他无意间发现了法律援助。第二天，衣衫破旧、面黄肌瘦的董希来到了西城区法律援助中心。值班律师屈京德和工作人员安翔热情地接待了他。两位接待人员审查了董希的就业证、诊断证明等证据后认为，单位这种以旷工为由单方解除患病劳动者劳动关系的行为是违法的，董希可以通过法律途径解决问题。在询问了董希的生活状况后，两位接待人员告知他如果能够出具经济困难的证明，经过审批后，政府会指派律师帮其打官司而无需他掏一分钱。董希听到这些后话仿佛一下看到了希望。几天后，一份由他家乡镇政府出具的经济困难证明速递到了北京，当天董希填写了“法律援助申请书”。

西城区法律援助中心决定给予董希法律援助并指派北京市中实律师事务所律师屈京德，委派西城区法律援助中心工作人员安翔作为代理人承办此案。

通过调查取证、研究论证，代理人认为如果仅仅以要求单位报销具体数额的医药费为诉讼请求，仍将无法解决董希今后的看病问题，因此，最终确定了从撤销用人单位解除劳动关系的决定入手，进而要求单位承担未缴纳社会保险费的法律责任并依法报销医疗费的办案思路。并为董希代写了《劳动争议仲裁申诉书》。

西城区劳动争议仲裁委员会受理了董希的申诉，并决定于 2004 年 5 月 10 日正式开庭。开庭之日，两位代理人经过精心准备与董希一起来到了仲裁庭。庭审时，被诉人为了证明董希旷工，竟然拿出一份篡改后的“工作记录”作为证据，并出示了 4 名证人的书面证言。但几份证据前后矛盾，且不符合作为有效证据的法律要件。两位代理人对被诉人的几份证据进行了有力的反驳，向仲裁庭提交了真实的“工作记录”、工资卡等证据，并当庭阐述了三点代理意见：1. 被申诉人作出的解除劳动关系的处理决定不合法，应当恢复双方的劳动关系；2. 董希是在为被申诉人工作期间患上尿毒症的，休假期间应当享受医疗期工资；3. 被申诉人应当按照法律规定，为董希补缴社会保险费并依法报销未缴纳社会保险费期间的医疗费。

2004 年 6 月 28 日，西城区劳动争议仲裁委员会作出了裁决，支持董希的申诉请求，裁决撤销被申诉人解除劳动关系的决定；依法为董希支付医疗费并补发医疗期的工资待遇。

原以为可以安心养病的董希在找到单位要求上班时却得到了一个恶毒的答复：“你等着！我们耗死你！”几天后，董希果然收到了一份民事起诉书。其工作单位向西城区人民法院提起诉讼,要求撤销仲裁裁决。于是,董希的第二份法律援助申请书交到了西城区法律援助中心,中心当即决定继续给予其法律援助。

2004年10月13日,西城区人民法院公开审理了董希劳动争议纠纷一案。西城区法律援助中心指派北京市翔实律师事务所律师郭兴昌并委派中心工作人员安翔作为董希的代理人参加诉讼。在此案的两次开庭审理中,当事人双方针对十几份证据和相关法律法规的适用进行了举证、质证和激烈的法庭辩论。董希的代理律师向合议庭递交了长达6000多字的书面代理意见。

2005年春节前,受援人董希领到了西城区人民法院的判决,判决全部维持了西城区劳动争议仲裁委员会的裁决结果。带着一份安慰,董希一家过了个祥和的春节。

春节后的一天,不出所料,董希又接到了单位的上诉书。北京市第一中级人民法院于2005年6月30日开庭审理此案。与此同时,西城区法律援助中心的第三份法律援助决定书递到了董希手中。这是一份承诺,一份能让董希全家坦然面对风雨的承诺。2005年7月26日,董希收到了北京市第一中级人民法院的终审判决:驳回上诉,维持原判。

律师点评

根据《企业职工患病或非因工负伤医疗期规定》第3条规定:"企业职工因患病或非因工负伤,需要停止工作医疗时,根据本人实际参加工作年限和在本单位工作年限,给予3个月到24个月的医疗期。"此外,《北京市劳动合同规定》第33条还规定:"劳动者患病或者负伤,在规定的医疗期内的用人单位不得……解除劳动合同。"职工在医疗期内,享受医疗期工资待遇,最低不得低于当地最低工资的80%。《企业职工患病或非因工负伤医疗期规定》第7条还规定:"企业职工非因工致残和经医生或医疗机构认定患有难以治疗的疾病,医疗期满,应当由劳动鉴定委员会参照工伤与职业病致残程度鉴定标准进行劳动能力的鉴定。被鉴定为一至四级的,应当退出劳动岗位,解除劳动关系,并办理退休、退职手续,享受退休、退职待遇。"本案中,董希所在单位在医疗期内以旷工为名解除与董希的劳动关系违反了上述规定。董希身患"尿毒症终末期",应在医疗期满后进行劳动能力鉴定,如达到一至四级,应当办理退休、退职手续。本案的代理律师以撤销用人单位解除劳动关系的决定为诉求,有利于董希今后生活和治疗费用的保障。

另外,本案还涉及社会保险费的缴纳问题。《社会保险费征缴暂行条例》第 10 条规定:"缴费单位必须按月向社会保险经办机构申报应缴纳的社会保险费数额,经社会保险经办机构核定后,在规定的期限内缴纳社会保险费。"因此,董希所在的单位应当为其补缴社会保险费,并报销其未缴纳社会保险费期间的医疗费。

工伤事故篇

卫某工伤事故损害赔偿纠纷案

案情

北京市延庆县延庆镇村民卫某1995年在镇某铸造厂做工，在一次拆除旧厂房时被突来的一阵大风从2米多高的墙头上吹落下来，当即失去知觉，被厂方送往北医三院治疗，后又转到解放军514医院治疗，因伤势过重，未能痊愈。从此瘫痪在床，吃饭、大小便等一切不能自理，需专人照顾，经鉴定为一级伤残。之后，卫某家人多次找厂方协商解决均未达成协议，厂方因担心劳动部门处罚也一直不报工伤，但又不肯多出钱赔偿。卫某的妻子承受不了如此大的经济、精神、生活等方面的压力，多次上吊自杀未遂；卫某自觉是一个不称职的丈夫，只好忍痛同意妻子另嫁他人，女儿因家庭经济困难、父亲没人照顾只能辍学在家。

此案长达8年之久未得到解决，无奈之下，卫某的女儿到延庆县法律援助中心寻求帮助。延庆县法律援助中心受理了此案，指派北京市开拓律师事务所胡云律师为其代理。胡律师首先帮卫某找县劳动局要求工伤认定之后，代其申请劳动仲裁，仲裁被驳回后，于2002年4月1日向延庆县人民法院提起诉讼。2002年10月23日延庆县人民法院一审判决延庆县延庆镇某铸造厂一次性赔偿56万元。对方不服，于2003年11月上诉到北京市第一中级人民法院，延庆县法律援助中心又继续指派胡云为其代理。经开庭审理后，北京市第一中级人民法院于2003年8月1日作出判决：驳回上诉，维持原判。

律师点评

工伤保险制度是社会保障体系的重要组成部分，对于保障因工伤残和死亡职工及其遗属的法定权益，促进安全生产，维护社会稳定具有重大意义。1951 年 2 月 26 日政务院公布、1953 年 1 月 2 日修正公布了《中华人民共和国劳动保险条例》，确立了企业职工因工伤残的保险制度，明确了工伤及因工残废时的各项待遇。随着社会主义市场经济的发展和现代企业制度的推行，工伤保险制度也在不断地探索和改革中，1996 年 8 月 12 日劳动部颁布的《企业职工工伤保险试行办法》(以下简称《办法》)，对我国旧的保险制度进行了一次全面的改革。在对《办法》完善和总结实践经验的基础上，2003 年 4 月 27 日，国务院颁布了《工伤保险条例》，于 2004 年 1 月 1 日起正式实施。《工伤保险条例》的颁布实施，是社会保障法制化进程中具有里程碑意义的大事，标志着工伤保险制度改革进入了一个新的发展阶段。根据《工伤保险条例》第 14 条的规定，职工在工作时间前后和工作场所内，因从事与工作有关的预备性或者收尾性工作受到事故伤害的或受到暴力等意外伤害的；因履行工作职责患职业病的；因工外出期间，由于工作原因受到伤害或者发生事故下落不明的；在上下班途中，受到机动车事故伤害的等情况都应当认定为工伤。

本案中卫某是在铸造厂做工过程中发生的伤害应属于工伤，但由于其所在的厂方因担心劳动部门处罚未在规定的时间内进行工伤认定申报，致使卫某错过了工伤认定的时间。卫某向延庆县法律援助中心申请法律援助后，在其代理律师的帮助下为其进行了工伤认定，鉴定结果卫某为一级伤残，并通过诉讼使铸造厂一次性赔偿卫某 56 万元，为他讨回了公道。

汤某工伤事故损害赔偿纠纷案

案情

2002年12月，一名全身严重烫伤的外地务工人员来到北京市海淀区法律援助中心申请法律援助。来人双手、颈部、腋下挛缩，头面部结着血痂露着红肉，身上散发出很浓的异味。申请人汤某系湖北省云梦县人，孤儿，2001年11月14日在北京某公司试烧锅炉时，锅炉焊口爆裂致其严重烫伤，虽经医院全力抢救治疗仍未痊愈，用人单位支付7000元钱送其返乡后再无音讯。汤某现无劳动能力，要求单位给予工伤待遇。

经审核，海淀区法律援助中心于2002年12月18日指派海润律师事务所赵忠厚律师向汤某提供法律援助。赵律师首先着手为汤某申报工伤并评定伤残等级。由于汤某受伤时处于昏迷状态，在哪个医院抢救治疗并不清楚，本人手里又没有医院诊断证明，用工单位的联系方式已经中断，这给援助案件的办理带来诸多困难。赵律师与区法律援助中心共同努力，与区劳动和社会保障局工伤保险科、劳动监察大队、区经委等部门进行多方协调，将其鉴定作为特殊情况给予申报。海淀区劳动鉴定委员会于2003年8月29日作出鉴定，汤某致残程度三级，享受部分护理依赖。

汤某的工伤认定、伤残等级评定后，其用工单位却不予配合，因此相关部门无法出具伤残待遇标准，令其伤残待遇也无法落实。经赵律师多方查找，发现该公司尚未注销，其上级单位是海淀区某局的福兴公司，注册地为北京市海淀区清河西二旗村8号。但是在注册地和曾经经营地(海淀区巨山村)都无法找到该公司。赵律师将上述问题向区法律援助中心作了汇报，中心于2003年10月16日专门组织召开了有学者、律师参加的案件讨论交流会。与会人员针对案件的特殊性进行了集体讨论，寻求解决纠纷的更好途径。此次会议对案件的进展有了较好的推动作用。区法援中心又与区劳动和社会保障局等部门进一步协调，区劳动和社会保障局工伤保险科于同年9月22日出具了工伤待遇标准。

2003年10月28日赵忠厚律师代理汤某向海淀区劳动仲裁委员会提出申诉，要求北京某公司给付其工伤待遇。2005年4月，海淀区仲裁委作出裁决，要求用工单位按月支付汤某伤残抚恤金372元，按月支付护理费518元，一次性支付伤残补助金9300元。

律师点评

本案很具有典型意义，集中体现了工伤案件法律援助中的几个重要特点：一是案情的复杂和困难。汤某受伤时处于昏迷状态，在哪个医院抢救治疗并不清楚，本人手里又没有医院诊断证明，用工单位的联系方式已经中断，这种情况给申报工伤并评定伤残等级带来了极大的困难。二是各政府部门的协调与配合。承办本案的赵律师与区法律援助中心共同努力，与区劳动和社会保障局工伤保险科、劳动监察大队、区经委等部门进行多方协调，使汤某的鉴定作为特殊情况给予申报。海淀区劳动鉴定委员会于2003年8月29日作出鉴定，汤某致残程度三级，享受部分护理依赖。区法律援助中心又与区劳动和社会保障局等部门进一步协调，区劳动和社会保障局工伤保险科于同年9月22日出具了工伤待遇标准。三是援助律师和援助中心具有高度责任感，热情提供法律服务。由于本案在客观事实方面存在诸多困难，区法律援助中心和赵律师为了妥善解决好汤某的问题，付出了很大的努力。不仅在办案的主要环节上与主管部门进行沟通和协调，还专门组织召开了有学者、律师参加的案件讨论交流会，对案件的进展起了较好的推动作用。正是这种种努力，才促使汤某成功地得到了工伤待遇，在经济上获得了应有的保障。

项南工伤事故损害赔偿纠纷案

案情

2003年,17岁的项南(化名)随父母来北京打工,在某报刊发行公司找到了一份报刊投递员的工作,挣钱虽然不多,但能维持生计,一家三口也其乐融融。不幸的事情发生在2003年7月,项南送报途中被一辆货车撞倒,虽得到及时治疗,但由于伤势过重,还是留下了终生残疾。肇事司机刘某在事后向他们付了一部分医药费后就再无音讯,后通过诉讼,法院判决被告刘某支付原告项南3万多元赔偿款,双方都未上诉。可对方以经济困难为由拒绝支付这笔赔偿款。2004年12月,项南向法院申请强制执行,但由于刘某并非车主且无其他财产,结果仍不令人满意,项南及其家人陷入了困境。

有一天,他们听同乡说,项南在工作中受伤,应该可以享受工伤待遇。项南的父母赶紧赶到某报刊发行公司所在地的西城区劳动和社会保障局申请工伤。通过咨询他们了解到,办理工伤,必须首先确认双方的劳动关系,因项南未与单位签订劳动合同,他们便向西城区劳动争议仲裁委员会要求裁决双方的事实劳动关系。区劳动争议仲裁委员会支持了他们的请求。项南的父母立刻赶到工伤认定部门,可得到的答复却让他们大失所望:由于《工伤保险条例》规定工伤申请的时效期为事故发生后1年内,项南已经错过了工伤申请的时效。

无奈之下,项南父母找到西城区法律援助中心寻求帮助。面对该案如此复杂的"背景",中心集体研究认为,由于刘某没有履行能力,项南获得交通事故赔偿款的可能性非常小;而由于超过申请时效，项南获得工伤待遇的机会也非常渺茫。唯一的希望是让报刊发行公司自愿给付工伤待遇。但这也几乎是不可能实现的。最后，彭兴钢主任表示：这事做也可能没希望，但不做肯定没希望！咱们就是要为当事人百分之一的希望去尽百分之百的努力！中心决定成立办案小组，并启动西城区法律援助中心与区劳动和社会保障局接访中心的联合办案机制，采用非诉讼调解的方式办理此案。

最初办案人员与报刊发行公司联系时，该公司认为项南与自己已经没有关系，而且工伤申请也过了时效，表示不承担其工伤事故的责任，拒绝调解。但办案人员通过调查发现，该公司不但未给项南缴纳工伤保险，同时也未缴纳其他社会保险，且在项南受伤期间未给她发放工资。于是，抓住这一突破口，办案人员积极开展说服调解工作，经过努力，报刊发行公司主管人员终于同意于 2005 年 3 月 2 日当面调解此事。调解过程中，办案人员首先表达了和解的诚意，再向对方当事人讲述了项南的伤势及其一家现在的生活情况，最后拿出法律条文和证据，向对方讲解了单位应当承担的法律义务。经过一小时的调解，该负责人表示愿意就补偿事项进一步协商。

2005 年 3 月 5 日，西城法援中心接到了报刊发行公司打来的电话：愿意支付项南补偿款 7000 元。双方签订了调解协议，该公司当场支付了补偿款。

律师点评

在现实中，因第三者侵权引起的工伤事故时有发生，本案就是非常典型的因第三者侵权引起的工伤事故损害赔偿纠纷。由于工伤保险与第三者侵权是两个不同的法律关系，我国法律并未规定在两者发生竞合时，工伤保险经办机构可以扣减工伤保险待遇或对侵权责任人享有代位求偿权。《最高人民法院关于审理劳动争议案件适用法律的若干问题的解释》（续一）征求意见稿第 29 条也规定，劳动者在劳动过程中因用人单位以外的第三人的侵权行为受到伤害，在第三人承担赔偿责任后，又请求用人单位依法给予工伤保险待遇的，人民法院应予支持。因此，工伤职工在获得侵权责任人的人身损害赔偿后，仍有权依据《工伤保险条例》的规定享受工伤保险待遇。本案中的项南可以既按照《道路交通安全法》和《最高人民法院关于审理人身损害赔偿案件适用法律若干问题的解释》的规定获得交通事故损害赔偿，又可依据《工伤保险条例》的规定享受工伤保险待遇。

但本案涉及一个时效问题。根据《工伤保险条例》的规定，职工发生事故伤害或者按照《职业病防治法》规定被诊断、鉴定为职业病后，用人单位未在事故伤害发生之日或者被诊断、鉴定为职业病之日起 30 日内提出工伤认定申请的，工伤职工或者其直系亲属、工会组织在事故伤害发生之日或者被诊断、鉴定为职业病之日起 1 年内，可以直接向用人单位所在地统筹地区劳动保障行政部门提出工伤认定申请。而本案中项南由于不了解相关规定，已经错过了工伤认定申请的期限，因此本案胜诉的可能性不大，双方协商成为解决本案最好的办法。

报刊发行公司同意协商解决的原因是项南与报刊发行公司存在事实劳动关系，而该公司却未给项南缴纳工伤保险和其他社会保险，在项南受伤期间也未给其发放工资。根据《劳动法》及相关法规的规定，用人单位必须参加社会保险，为职工缴纳养老、待业、医疗、工伤、生育等项社会保险基金。《工伤保险条例》第 31 条还规定："职工因工作遭受事故伤害或者患职业病需要暂停工作接受工伤医疗的，在停工留薪期内，原工资福利待遇不变，由所在单位按月支付。"因此，报刊发行公司的做法违反了法律的规定，该单位如坚决拒绝调解，将可能受到政府部门的处罚。援助律师以此为突破口进行说服和调解，最终使双方达成了调解协议。

李江工伤事故损害赔偿纠纷案

案情

家住河北省井陉县的农民李江(化名),30岁,在北京做长途运输汽车司机。2004年7月22日,李江为单位送货途中,因遇情况采取措施不当,在京珠高速公路上其驾驶的车辆与前方行驶的一辆中型货车相撞。经过抢救,李江幸运地保住了生命,但双腿活动受限,眼球上下运动受限,视力左眼0.1,右眼0.02,丧失了大部分劳动能力。在此次事故中,交通部门认定李江承担主要责任。

陷入困境的李江希望用工单位能对其作出经济补偿,于2005年4月19日向西城区法律援助中心提出援助申请。接待他的值班律师认为,李江虽然未与用工单位签订劳动合同,但实际上为单位拉货运输,每月领取工资,已经形成了事实上的劳动关系,并且他是为单位运输货物途中发生交通事故的,有权享受工伤保险待遇,律师建议他首先证明劳动关系并申请工伤认定。4月21日,西城区法律援助中心正式决定给予李江法律援助,并指派北京市翔实律师事务所律师郭兴昌和区法律援助中心公职律师王明玉承办此案。

经过细致的审查、取证,两位律师最终将李江的工作证和用工单位曾给交通队出具的收入证明作为证据提交给了仲裁庭。在开庭过程中,用工单位作为被申诉人始终未到庭。2005年5月24日,仲裁庭缺席裁决,认定李江与用工单位存在事实上的劳动关系。

官司打赢的同时,单位也停止为李江支付医药费,眼看着李江二次手术的时间快要到了,如果到时候没有钱进行手术,那将使其身体留下更严重的残疾，给他的家庭增添更大的不幸。西城区法律援助中心了解到情况后，以最快的速度再次指派郭兴昌和王明玉两位律师帮助李江申请工伤认定，并启动了与西城区劳动和社会保障局的联合办案机制，力争在最短的时间内为李江办好《工伤证》，保证他二次手术的正常进行。

2005年7月间，两位律师与西城区劳动和工伤保障局工伤保险科副科长阎军两次前往李江的单位，向用工单位领导讲解积极缴纳工伤保险的意义，并要求单位依法配合。最终，用工单位领导改变了错误观念，认识到工伤保险作为社会保障体系的一部分，不仅对发生工伤意外伤害的劳动者有利，同时也分担了用人单位的风险，依法缴纳工伤保险是对劳动关系双方都负责任的态度。之后，用工单位不仅给李江报销了近6万元的后续医疗费，而且还给他补办了工伤保险。同时，还为本单位100多位长途运输汽车司机都补缴了工伤保险。

援助至此还没有完结。2005年8月11日，西城区劳动和社会保障局认定李江遭受的交通事故伤害属于工伤，拿到《工伤证》后，两位律师又帮助李江提出了劳动能力鉴定申请；2005年9月11日，西城区劳动能力鉴定委员会鉴定，李江已达到四级伤残，生活需要部分护理依赖。依此，李江的医疗费用将得到报销，并可得到一次性伤残补助金25506元，每月得到伤残津贴和护理费共1770元，并且一直保留与单位的劳动关系，达到国家法定退休条件后办理正式退休，享受退休职工待遇。

律师点评

本案是一起因事实劳动关系和工伤引起的争议案件。

根据《北京市实施〈工伤保险条例〉办法》第18条的规定："申请人提出工伤认定申请时，应当提交职工受伤害或者被诊断患职业病时与用人单位之间的劳动合同或者其他建立劳动关系的证明。职工与用人单位之间因劳动关系发生争议的，当事人应当向劳动争议仲裁委员会申请仲裁，由劳动争议仲裁委员会依法确定劳动关系。依法定程序处理劳动争议的时间不计算在工伤认定的时限内。”所以，李江要进行工伤认定，先要通过劳动仲裁确认其与所在单位的劳动关系。

国家建立工伤保险的目的就是为了保障因工作遭受事故伤害或者患职业病的职工获得医疗救治和经济补偿，分散用人单位的工伤风险，我国境内的所有企业都应当为本单位全部职工缴纳工伤保险费。根据《工伤保险条例》的相关规定，工伤医疗期内到指定医院治疗所需的住院费、医疗费、药费等全额报销，并享受住院伙食补助费。本案中，李江经鉴定达到四级伤残，按规定因工致残被鉴定为四级伤残的，应保留劳动关系，退出工作岗位，享受以下待遇：1. 从工伤保险基金按伤残等级支付一次性伤残补助金，四级伤残为 18 个月的本人工资。2. 从工伤保险基金按月支付伤残津贴，四级伤残为本人工资的 75%。伤残津贴实际金额低于当地最低工资标准的，由工伤保险基金补足差额。3. 工伤职工达到退休年龄并办理退休手续后，停发伤残津贴，享受基本养老保险待遇；基本养老保险待遇低于伤残津贴的，由工伤保险基金补足差额。但本案中李江所在单位未依法缴纳工伤保险，使其不能通过工伤保险基金享受上述待遇。根据《工伤保险条例》的规定，用人单位应当参加工伤保险而未参加的，由劳动保障行政部门责令改正；未参加工伤保险期间用人单位职工发生工伤的，由该用人单位按照工伤保险待遇项目和标准支付费用。所以，李江的医疗费、伤残津贴和护理费用都应当由其所在单位承担。

李勇工伤事故损害赔偿纠纷案

案情

李勇(化名),于2002年2月与湖大建筑总承包工程公司(化名)签订了劳动合同,到北京的建筑公司的工程队里从事抹灰工作。2004年8月12日晚,李勇在从作业现场楼(北京市昌平区某住宅工地B01区039号楼1单元)三层下到一层时,不慎从楼道预留洞口跌入地下室。在场工友将其救起立即送往第二炮兵总医院接受治疗。伤愈后,针对其所受伤是否为工伤问题,李勇与单位发生了争议,在单位拒绝向当地劳动行政部门申请工伤认定的情况下,李勇以个人名义向昌平区劳动和社会保障局提出工伤认定申请。2004年11月昌平区劳动和社会保障局经过调查取证对李勇在工作时发生意外事故造成的伤害作出了工伤认定。2005年3月对其进行了劳动能力鉴定,确定李勇伤残等级为八级。

事故发生后公司仅支付了李勇的医疗费,出院后公司只让他在生活区休养,而工资和赔偿问题却迟迟不落实。经人指点,2005年4月李勇走进了昌平区法律援助中心,中心指派了公职律师李颖作为其代理人,维护外来农民工的合法权益。

李颖律师积极帮助李勇收集相关证据材料,向昌平区劳动仲裁委员会申请劳动仲裁。但是此案因为管辖问题而暂时被搁置,因为当事人一方湖大建筑总承包工程公司的住所地在湖北省孝感市,李勇的户口地在湖北随州市,根据《仲裁法》及其相关规定,此案应该由湖北省孝感市仲裁委员会受理。李颖律师积极与仲裁委员会协调,最终昌平区仲裁委员会于2005年4月正式受理了李勇的劳动仲裁申请。

在第一次开庭中，被申诉方提出自己是湖北省孝感市湖大建筑有限公司而不是湖北省孝感市湖大建筑总承包工程公司，孝感市湖大建筑总承包工程公司已经不存在了，不承认李勇为该公司职员，更拒绝了他的赔偿请求。仲裁无法继续，只好暂时休庭。为了弄清事情的真相，李颖律师来到昌平区劳动和社会保障局工伤认定科，在此了解到李勇在作工伤认定时提交的手续是齐全的，而且有湖北省孝感市工商行政管理局提供的加盖有工商行政管理局公章的湖大建筑有限公司营业执照副本。为了进一步了解事情真相，彻底弄清两个公司的关系，李颖律师又和孝感市工商行政管理局取得了联系，最终证实湖北省孝感市湖大建筑有限公司就是原湖北省孝感市湖大建筑总承包工程公司，该公司在一年内进行过多次名称变更。事情真相明了后，李颖律师决定撤销对孝感市湖大建筑总承包公司的诉讼，改为对孝感市湖大建筑有限公司重新提起诉讼。另外她还积极联系北京电视台“法制进行时”栏目对此案进行报道，在舆论上给予被申诉人压力。

2005年6月，李勇再次向昌平区劳动仲裁委员会提起劳动仲裁申请。庭审中李律师根据相关法律规定据理力争，在大量的证据面前，被申诉人无言以对，双方几经协商终于达成了调解协议。

律师点评

2004年1月1日起实施的《工伤保险条例》明确规定：“职工发生事故伤害或者按照职业病防治法规定被诊断、鉴定为职业病，所在单位应当自事故伤害发生之日或者被诊断、鉴定为职业病之日起30日内，向统筹地区劳动保障行政部门提出工伤认定申请。遇特殊情况，经报劳动保障行政部门同意，申请时限可以适当延长。”“用人单位未按前款规定提出工伤认定申请的，工伤职工或者其直系亲属、工会组织在事故伤害发生之日或者被诊断、鉴定为职业病之日起1年内，可以直接向用人单位所在地统筹地区劳动保障行政部门提出工伤认定申请。”本案中,李勇受伤发生在2004年8月,但直到2004年11月湖大建筑有限公司仍未提出工伤认定申请,在此情况下李勇有权直接向劳动保障行政部门申请工伤认定。

但本案涉及工伤认定的管辖权问题。由于《工伤保险条例》和《工伤认定办法》对此都只是规定向统筹地区劳动保障行政部门提出工伤认定申请,而企业工伤保险统筹大多是在企业注册地办理,工伤保险待遇也是由统筹地的社会保险经办机构支付,因此,各省市大多都规定工伤认定由企业法人注册地或企业缴纳工伤保险费所在地的劳动行政部门负责。依照《北京市企业劳动者工伤保险规定》的配套文件规定,工伤认定实行企业法人注册地或工伤保险统筹地属地管辖,由于湖大建筑有限公司的注册地在湖北省孝感市,因此,本案原则上也应由孝感市劳动保障行政部门和劳动仲裁委员会受理。但如果湖大建筑有限公司是在北京市参加工伤保险,则可以由北京市的劳动保障行政部门进行工伤鉴定,并由北京的劳动仲裁委员会依据北京市相关规定进行仲裁。如果湖大建筑有限公司既未在北京市参加工伤保险也未在孝感市参加工伤保险,则由于不涉及由孝感市的社会保险经办机构支付工伤保险待遇问题,只是由湖大建筑有限公司按照相关规定的标准直接向李勇支付工伤保险待遇,因此也可以由北京市的劳动保障行政部门进行工伤鉴定,并由北京的劳动仲裁委员会依据市相关规定进行仲裁。

周国工伤事故损害赔偿纠纷案

案情

2005年3月2日对周国(化名)来说是不幸的一天,他于2005年1月来到北京市金属制品有限公司(化名)打工,被分配在磨钉车间工作。3月2日上午10点,周国在车间门口叫叉车司机给叉钉子,他自己站在第三个槽子的后面,叉车司机在叉钉子的过程中,将周国的右脚挤在槽子的中间导致其受伤。

周国受伤后,公司立刻派车将他送至大兴区人民医院治疗,后又转到丰台区东方医院。5月8日,周国到医院进行了最后一次复诊,医院为他开具了2005年6月27日之后可以从事轻体力工作的诊断书。5月17日,周国向大兴区劳动和社会保障局申请工伤认定,最终被认定为工伤,伤残程度八级。

受伤致残后,周国的身体一直没有恢复得很好,无法继续工作,他想和公司解除劳动关系,并向其索要在工伤治疗期间的停工留薪期工资、一次性伤残补助金、一次性工伤医疗补助金和伤残就业补助金等费用,但遭到公司拒绝。无奈中,周国来到了大兴区法律援助中心,向中心的工作人员叙述了他的经历,并递交了申请法律援助的相关材料。法援中心指派清源法律服务所的法律工作者梁彩玲作为其委托代理人。

由于金属制品有限公司对周国伤病治愈的日期有异议,认为他计算的一次性伤残补助金数额有误,且不同意解除其劳动关系申请,因此,双方调解未成,梁彩玲代理周国向大兴区劳动仲裁委员会提请仲裁。最终,大兴区劳动争议仲裁委员会于2005年9月23日作出裁决:北京市金属制品有限公司支付周国发生在工伤治疗期间的全部工资5420元;工伤鉴定费200元;一次性伤残补助金14174元;一次性工伤医疗补助金和伤残就业补助金35434.95元,合计55228.95元。该裁决采纳其代理人的全部代理意见;支持了申诉人的全部请求事项。9月28日,从大兴区法律援助中心传出消息,因工伤致残的周国终于获得了全部赔偿金,目前,周国已安全返回四川老家。

律师点评

工伤事故损害赔偿纠纷是以劳动者一方因工致残为前提的人身权纠纷案。该类案件的处理涉及工伤认定、伤残鉴定、工伤待遇等各个方面。本案涉及的主要是工伤待遇问题。

我国境内所有企业的职工和个体工商户的雇工,均有依照《工伤保险条例》的规定享受工伤保险待遇的权利。工伤保险待遇包括:1.工伤医疗待遇。包括治疗工伤费、康复性治疗费、辅助器具配置费、住院伙食补助费、外地就医所需交通食宿费。2.伤残待遇。包括一次性伤残补助金、伤残津贴、生活护理费、一次性工伤医疗补助金和伤残就业补助金。3.工伤停工留薪期内,原工资福利待遇不变。

根据《工伤保险条例》第31条的规定,职工因工作遭受事故伤害或者患职业病需要暂停工作接受工伤医疗的,在停工留薪期内,原工资福利待遇不变,由所在单位按月支付。根据《北京市实施〈工伤保险条例〉办法》第32条规定,职工停工留薪期满,工伤医疗机构出具继续休假证明的,可以延长停工留薪期。用人单位不同意延长的,由用人单位向区、县劳动能力鉴定委员会提出确认申请,用人单位未提出确认申请的,视为同意延长。由于医院为周国出具了6月27日之后才可以从事轻体力工作的诊断书,而用人公司也没有向区劳动能力鉴定委员会提出确认申请,因此周国的停工留薪期应计算到6月27日。

周国经工伤认定伤残程度为八级,根据《工伤保险条例》第35条规定，职工因工致残被鉴定为八级伤残的，享受以下待遇：1. 支付一次性伤残补助金，标准为 10 个月的本人工资；2. 劳动合同期满终止，或者职工本人提出解除劳动合同的，由用人单位支付一次性工伤医疗补助金和伤残就业补助金。根据北京市的相关规定，一次性工伤医疗补助金和伤残就业补助金合并计算，八级伤残的补助标准为解除或者终止劳动关系时 15 个月的本市上一年度职工月平均工资。至于单位不同意周国解除劳动关系申请，由于《劳动法》只要求劳动者解除劳动合同应当提前 30 日以书面形式通知用人单位，且该公司与周国事先也没有其他约定，因此其同意与否并不能影响周国获得一次性工伤医疗补助金和伤残就业补助金。

童工于明工伤事故损害赔偿纠纷案

案情

于明(化名),男,1990 年 9 月 28 日出生,天津市蓟县上仓镇北王庄村人,2004 年时初中二年级没有读完即辍学回家,2005 年 2 月 17 日于明随同其叔叔于立刚到北京伟合化纤棉有限公司打工。2 月 23 日于明被安排到生产车间,负责往机器里送原料。当日下午,疲惫的于明正在工作时,左臂不慎被绞入机器内,致其左上肢挫灭伤、血管神经损伤、左上臂皮肤剥脱伤、左上臂多发骨折。公司领导得知于明出事后立即将其送往北京积水潭医院急诊救治,当天他又被转往武警北京市总队第二医院行左上肢清创截肢术,公司共支付医疗费 27400 元。2005 年 3 月 25 日,于明伤愈出院,公司将其送到德康义肢矫形器(北京)有限公司为他安装上臂假肢,并交纳于明的假肢定金 19000 元。但此后,公司不再支付任何费用。

公司的这一决定让于明的父亲于立新(化名)无法接受。2005 年 5 月 13 日,于立新向朝阳区劳动和社会保障局工伤保险科提交了申请认定于明工伤的相关材料。2005 年 5 月 17 日,根据《北京市实施〈工伤保险条例〉办法》的规定,于明系童工,朝阳区劳动和社会保障局作出不予受理的书面通知。由于没有《工伤证》,5 月 18 日,朝阳区劳动仲裁委员会对于明的仲裁申请作出不予受理的决定。

2005 年 5 月 20 日,于立新向北京青少年法律援助与研究中心求助,中心当即决定为童工于明提供帮助。中心时福茂律师立刻为于明准备了民事起诉状及鉴定申请书，代其向朝阳区人民法院提起诉讼。

7月7日，于明到朝阳区劳动能力鉴定委员会，申请对其伤残等级进行鉴定，并对是否需要安装假肢予以确认，鉴定结论为于明属四级伤残，需配上臂假肢。

经过法庭审理，朝阳区人民法院认为，公司雇用于明是使用童工的行为，并认为录用童工伤残的，用人单位应当一次性对伤残童工给予赔偿。但同时又认为原告要求被告赔偿今后55年的假肢费及此期间原告安装假肢将产生的护理费、交通费、住宿费、务工费等费用尚未实际发生，现原告主张赔偿，缺乏事实和法律依据，不予支持。

2005年11月11日，朝阳区人民法院宣判，判决被告北京伟合化纤棉有限公司赔偿于明生活费1486元、治疗费30元、鉴定费200元，支付于明一次性赔偿金296740元，驳回了于明要求赔偿假肢费用的诉讼请求。

一审判决后，时福茂律师认为，根据《工伤保险条例》第63条规定："用人单位不得使用童工，用人单位使用童工造成童工伤残、死亡的，由该单位向童工或者童工的直系亲属给予一次性赔偿，赔偿标准不得低于本条例规定的工伤保险待遇。"工伤职工可以安装假肢，符合安装假肢的伤残童工，不但可以安装假肢，而且安装假肢的费用童工所在的用人单位必须一次性赔偿。在征求了于明法定代理人的意见后，时律师再次代理于明于11月15日向北京市第二中级人民法院提出上诉。

2006年4月18日，北京第二中级人民法院作出终审判决，判决被告在一审判决赔偿原告298456元的基础上，增加假肢费用56万元，共计赔偿原告858456元。

律师点评

根据《非法用工单位伤亡人员一次性赔偿办法》的规定，童工受到事故伤害或患职业病，在劳动能力鉴定之前进行治疗期间的生活费、医疗费、护理费、住院期间的伙食补助费、所需的交通费等费用按照《工伤保险条例》规定的标准和范围，全部由伤残童工所在单位支付。劳动能力鉴定按属地原则由单位所在地区的市级劳动能力鉴定委员会办理。劳动能力鉴定费用由伤亡职工或者童工所在单位支付。因此，伟合化纤棉有限公司应支付于明在劳动能力鉴定之前进行治疗期间的生活费、医疗费、护理费、住院期间的伙食补助费、所需的交通费等费用及其进行劳动能力鉴定费用。

根据《最高人民法院关于审理人身损害赔偿案件适用法律若干问题的解释》中第 26 条的规定："残疾辅助器具费按照普通适用器具的合理费用标准计算。伤情有特殊需要的，可以参照辅助器具配制机构的意见确定相应的合理费用标准。辅助器具的更换周期和赔偿期限参照配制机构的意见确定。"该解释第 19 条还规定："器官功能恢复训练所必要的康复费、适当的整容费以及其他后续治疗费，赔偿权利人可以待实际发生后另行起诉。但根据医疗证明或者鉴定结论确定必然发生的费用，可以与已经发生的医疗费一并予以赔偿。"由于于明今后的假肢费必然发生，而且其金额也可以根据假肢的更换周期和赔偿期限以及假肢现在的市场价格来估算，因此二审法院终审判决增加了 56 万的假肢费用。

交通事故篇

李红交通事故损害赔偿纠纷案

案情

2001年10月18日，年仅13岁的李红（化名）在上学途中，经北京市朝阳区北苑路立水桥铁路桥南358路公共汽车站前由北向南行走时，被一辆“1040”型小货车从背后将其撞倒，李红当场昏迷。事发后，肇事司机张玉（化名）将李红送入中国航空工业中心医院后逃逸。经诊断：李红颈椎骨折，颅底骨折，高位截瘫。后李红又被转至北医三院住院治疗，2001年9月21日，转至北京市博爱医院进行康复治疗。2002年5月28日李红出院。博爱医院医嘱说明：李红需长期服用药品，并需以轮椅代步，24小时护理。经市法庭科学技术鉴定研究所鉴定：李红的伤残程度为二级。市交通管理局朝阳交通支队认定：张玉负此事故全部责任。

李红家里共有五口人，李红之父李向阳（化名）系北京物资六公司的司机，其妻无业，两个孩子在读，有一老母70岁，患脑血栓全瘫卧床，生活不能自理。这场飞来横祸使本来就贫困的家庭雪上加霜。2002年3月13日，李向阳来到北京市法律援助中心求援。中心指派北京市鼎铭律师事务所的邓伟律师负责承办此案。邓律师接受指派后，查明了肇事司机张玉因是外地人，肇事车辆是以昌平区某村村民邵香兰（化名）名义登记注册。于是，邓律师以张玉和邵香兰为共同被告向朝阳区人民法院提起诉讼。

2003年1月22日，朝阳区人民法院作出一审判决：被告张玉赔偿李红医药费、轮椅尿垫及腰围购置费、残疾者生活补助费、今后护理费、精神损害赔偿金共计845341.88元，被告邵香兰对上述费用承担垫付责任。

律师点评

本案区别一般交通事故赔偿纠纷案的地方在于：除了造成交通事故的肇事司机张玉外，还有一个“名义车主”邵香兰。那么，该交通事故的赔偿责任主体如何确定呢？

国务院于1991年9月22日发布的《道路交通事故处理办法》（该办法在《中华人民共和国道路交通安全法实施条例》2004年5月1日施行的同时被废止）第31条规定：“交通事故责任者对交通事故造成的损失，应当承担赔偿责任，赔偿责任的机动车驾驶员暂时无力赔偿的，由驾驶员所在单位或者机动车的所有人负责垫付。但是，机动车驾驶员在执行职务中发生交通事故、负有交通事故责任的，由驾驶员所在单位或者机动车所有人承担赔偿责任。”

本案承办律师在接受指派后，首先调查肇事车辆的权属情况，查清由于肇事司机张玉是外地人，该肇事车是以昌平区某村村民邵香兰（化名）名义登记注册的。于是，邓律师以张玉和邵香兰为共同被告向朝阳区人民法院提起诉讼。朝阳区人民法院依据《道路交通事故处理办法》第31条之规定，判决被告张玉赔偿李红各项费用共计845341.88元，被告邵香兰对此费用承担垫付责任。

需要说明的是，由于“名义车主责任制”存在某些弊病，根据司法实践，最高人民法院通过司法解释对“名义车主”的范围进行限制解释。1999年，最高人民法院发布《关于被盗机动车辆肇事后由谁承担损害赔偿责任问题的批复》（法释[1999]13号），2000年发布《关于购买人使用分期付款购买的车辆从事运输因交通事故造成他人财产损失车辆所有权的出卖方不应承担民事责任的批复》（法释[2000]38号），2001年发布《关于连环购车未办理过户手续原车主是否对机动车发生交通事故致人损害承担责任的复函》（[2001]民一他字第32号），排除了符合规定情况的“名义车主”的民事赔偿责任的可能性。

王玉交通事故损害赔偿纠纷案

案情

王玉(化名),53岁,北京某通信技术有限公司职员,女儿系大学二年级学生,母女俩相依为命。2001年10月31日,王玉乘坐北京某公交公司公交车回家。当车行至朝阳路小庄站附近时,由于车速过快,与一辆同向行驶的面包车相刮。公交车司机紧急刹车,王玉被重重地摔了出去,后脑部撞到车门上,整个身体呈折叠状被摔在上下车的台阶与车门之间的深槽内,紧接着车内其他乘客纷纷压在王玉身上,致其当场昏迷。王玉先后被送入朝阳区第二医院、朝阳医院、朝阳中医院治疗。王玉住院期间,生活不能完全自理,需专人护理,出院时也无明显好转。2002年8月16日,经北京市公安局公安交通管理局法医鉴定,"王玉的损伤符合三级伤残,伤残赔偿指数为80%"。

王玉受伤后,家里唯一的收入来源没了,加之公交公司对赔偿事宜不闻不问,使这个家庭立刻陷入困境。于是,母女俩把一线希望寄托在法律援助上。法律援助中心律师接到这一案件后,迅即审核研究,作出援助决定,并指派博安律师事务所郫民律师承办此案。郫律师与当事人一起走访多家医院及残疾用具商店调查取证,计算赔偿数额,并代理王玉向朝阳区人民法院提起诉讼。经过法庭上的据理力争,王玉终于打赢了官司。朝阳区人民法院判决:被告北京市某公交公司赔偿王玉医疗费、残疾者生活补助费、护理费、残疾用具费以及精神损失费总计611961元。现当事人已得到全部赔偿款。

律师点评

交通事故是指车辆在道路上因过错或意外造成的人身伤亡或者财产损失的事件。发生交通事故后，有责任的一方应当对受害一方予以赔偿。

本案是2003年的法律援助案例，在2004年5月1日《中华人民共和国道路交通安全法》及其《实施条例》实施之前，交通事故损害赔偿的法律依据主要是适用1991年9月22日国务院发布的《道路交通事故处理办法》，该办法规定损害赔偿的项目包括：医疗费、误工费、住院伙食补助费、护理费、残疾者生活补助费、残疾用具费、丧葬费、死亡补偿费、被扶养人生活费、交通费、住宿费和财产直接损失。另外，对于受害人或者死者近亲属因交通事故遭受精神损害的，精神损害抚慰金的支付应根据《最高人民法院关于确定民事侵权精神损害赔偿责任若干问题的解释》的相关规定确定。

本案中，王玉在乘坐北京某公交公司公交车途中，由于该公交公司的责任导致其三级伤残，因此，该公交公司的行为与王玉的人身损害之间具有因果联系，理当赔偿其医疗费、残疾者生活补助费、护理费、残疾用具费以及精神损失费等费用。

马某交通事故损害赔偿纠纷案

案情

2004年7月29日，一位重度的残疾人妇女马某在其家人的陪同下来到北京市怀柔区法律援助中心寻求帮助。原来马某是在一场交通事故中撞伤致残的。2003年11月19日，马某驾驶的红色昌河牌小客车与本市某运输服务中心城关服务站司机李某驾驶的“1041”型货车在怀柔区雁栖镇陈各庄路段相撞，造成马某右腿骨折并被做了截肢手术，右胳膊也不能活动。事故发生后，市公安交通管理局怀柔交通支队出现场进行了勘察，出具了责任认定书，认定事故由李某和城关服务站负全责。经伤残鉴定，马某伤残系数为60%、五级伤残。马某和丈夫都是农民，还有一未成年的女儿，以前家中主要靠马某开车维持生活，她受伤后，家庭失去了主要的经济来源，生活到了难以维持的地步。经怀柔交通队调解，双方未就相关赔偿费用达成一致意见，为此，马某想向法院提起诉讼来维护自己的合法权益。

中心工作人员在详细了解她的情况后，决定给予马某法律援助，并办理了相关手续。法律援助中心受理后，深入农村向当事人调查取证，并根据《最高人民法院关于审理人身损害赔偿案件适用法律若干问题的解释》及北京市高级人民法院关于审判工作所依据的几类参照标准，详细计算确定了受援对象及其家属的赔偿数额。由于马某治疗过程中已向亲朋好友借了几万元，法援中心人员向怀柔区人民法院递交了免除马某诉讼费的申请，并得到了法院的采纳。后来怀柔区人民法院就此案四次开庭，法援中心人员运用充分的证据，并依据相关法律法规和司法解释在法庭上据理力争，最终怀柔区人民法院判决马某胜诉。2004 年底，怀柔区人民法院送达了判决书，判决被告赔付马某人民币共计 25 万余元。

律师点评

根据《道路交通安全法》及其《实施条例》规定，对交通事故损害赔偿的争议，当事人可以请求公安机关交通管理部门调解，也可以直接向人民法院提起民事诉讼。公安机关交通管理部门调解交通事故损害赔偿争议的期限为 10 日。经公安交通管理部门调解，当事人未达成协议或者调解书生效后不履行的，当事人可以向人民法院提起民事诉讼。本案中，双方经公安交通管理部门调解未达成一致意见，马某有权向人民法院起诉以维护自己的合法权益。

根据《最高人民法院关于审理人身损害赔偿案件适用法律若干问题的解释》的规定，道路交通事故的赔偿项目主要包括：医疗费、误工费、护理费、交通费、住宿费、住院伙食补助费、营养费、残疾赔偿金、残疾辅助器具费、丧葬费、被扶养人生活费、死亡赔偿金、直接财产损失赔偿费等。由于赔偿费中所包含的项目很多，每一项目的计算方法又各不相同，计算起来较为复杂。比如：医疗费的赔偿数额要按照一审法庭辩论终结前实际发生的数额确定，同时还可包括根据医疗证明或者鉴定结论，确定必然发生的器官功能恢复训练所必要的康复费以及其他后续治疗费；误工费则要根据受害人的误工时间和收入状况确定，其中误工时间根据受害人接受治疗的医疗机构出具的证明确定，受害人因伤致残持续误工的，误工时间可以计算至定残日前一天，受害人有固定收入的，误工费按照实际减少的收入计算，受害人无固定收入的，按照其最近 3 年的平均收入计算；护理人员有收入的，护理费参照误工费的规定计算，护理人员没有收入或者雇用护工的，参照当地护工从事同等级别护理的劳务报酬标准计算；残疾赔偿金应根据受害人丧失劳动能力程度或者伤残等级，按照受诉法院所在地上一年度城镇居民人均可支配收入或者农村居民人均纯收入标准，自定残之日起按 20 年计算。本案中，法律援助中心办案人员依据相关法律法规和司法解释计算确定了赔偿数额，并在法庭上据理力争，使马某获得了满意的赔偿。

杨路交通事故损害赔偿纠纷案

案情

2005年8月9日，一位面容十分憔悴的妇女刘玲（化名）来到北京市平谷区法律援助中心寻求帮助。原来刘玲的丈夫杨路（化名）在平谷打工，2005年7月30日，他骑自行车行至平谷区平蓟路西沥津路口时，与一“东风”牌厢式货车相撞，造成杨路当场死亡。事故发生后，市公安交通管理局平谷交通支队出现场进行了勘察，出具了责任认定书，认定事故由司机高某负全责，杨路无责任。刘玲和杨路都是农民，上有体弱多病、没有劳动能力的爷爷、奶奶及年过半百的父母要赡养，下有不满18岁的一子一女要抚养，家庭生活主要是依靠杨路外出打工维持生活。现在这个家庭失去了主要的经济来源，生活难以维持。

法律援助中心的工作人员在受理了刘玲的申请后，认真进行审核，当即决定给予其提供法律援助，并于当天指派给北京市时雨律师事务所的王绪宽律师承办此案。接手这一案件后，王律师认真分析案情，为刘玲代写刑事附带民事起诉状，将高某及其工作单位北京通新程物流有限公司作为被告诉至平谷区人民法院。

在承办过程中，王律师为搜集证据、计算赔偿数额，多次与当事人一起调查取证，并根据法律规定，计算出死亡赔偿金、被扶养人生活费、误工费、丧葬费、住宿费、交通费、精神抚慰金的赔偿数额，总计305427元。10月12日法院开庭，经过王律师与对方当事人的交涉，于当天就民事赔偿方面调解成功，由被告高某及其工作单位北京通新程物流有限公司一次性赔偿死亡赔偿金、被扶养人生活费、误工费、丧葬费、住宿费、交通费、精神抚慰金共计 20 万元。当天下午，被告方就将钱全部交付给刘玲一家。

律师点评

本案的问题主要在于确定赔偿义务人和确定赔偿金额。

司机高某系北京通新程物流有限公司工作人员，根据《中华人民共和国民法通则》第 43 条规定："企业法人对它的法定代表人和其他工作人员的经营活动，承担民事责任。"《最高人民法院关于贯彻执行〈中华人民共和国民法通则〉若干问题的意见》第 58 条规定："企业法人的法定代表人和其他工作人员，以法人名义从事的经营活动，给他人造成经济损失的，企业法人应当承担民事责任。"《最高人民法院关于审理人身损害赔偿案件适用法律若干问题的解释》第 8 条规定："法人或者其他组织的法定代表人、负责人以及工作人员，在执行职务中致人损害的，依照《中华人民共和国民法通则》第 121 条的规定，由该法人或者其他组织承担民事责任。上述人员实施与职务无关的行为致人损害的，应当由行为人承担赔偿责任。"本案中的高某驾驶单位的厢式货车发生事故，导致杨路死亡，应以高某及其工作单位北京通新程物流有限公司为赔偿义务人。

另外，根据《最高人民法院关于审理人身损害赔偿案件适用法律若干问题的解释》以及其他相关规定，杨路家属可获得的道路交通事故的赔偿项目主要包括：丧葬费、被扶养人生活费、死亡赔偿金、直接财产损失赔偿以及受害人亲属办理丧葬事宜支出的交通费、住宿费、误工损失和精神损害赔偿等。其中丧葬费按照受诉法院所在地上一年度职工月平均工资标准，以 6 个月总额计算。死亡赔偿金按照受诉法院所在地上一年度农村居民人均纯收入标准，按 20 年计算。被扶养人生活费根据扶养人丧失劳动能力程度，按照受诉法院所在地上一年度农村居民人均年生活消费支出标准计算。被扶养人为未成年人的，计算至18周岁。被扶养人无劳动能力又无其他生活来源的，计算20年。但60周岁以上的，年龄每增加1岁减少1年。75周岁以上的，按5年计算。被扶养人有数人的，年赔偿总额累计不超过上一年度农村居民人均年生活消费支出额。

陈宏交通事故损害赔偿纠纷案

案情

2004年5月14日15点左右，甘肃到北京打工的陈宏(化名)在朝阳区针织路南口的一个报栏看报，突然，一辆小客车撞了过来，将陈宏和报栏一起撞翻，陈宏的腿顿时血如泉涌。而肇事司机王社(化名)对倒在地上的伤者却不闻不问，更别说拨打急救电话和交通事故报警电话了。现场围观的群众看不下去了，纷纷要求王社赶紧救人，她这才拨通急救电话将陈宏送进医院。经诊断，陈宏右小腿骨折，下肢肌肉、神经、动脉全部被挤碎。

肇事司机王社是北京某公司的职工，她所驾驶的小客车车主为刘无(化名)。这起交通事故经市公安交通管理局朝阳交通支队处理，认定王社承担全部事故责任。

陈宏家中上有70多岁的老父母，下有正在小学读书的两个孩子，又加上父亲常年有病，生活十分拮据。不得已，陈宏和妻子于2004年3月双双到北京打工。陈宏被车撞伤，需要住院治疗，并且由专人护理，医生还嘱咐其要增加营养，所有这一切的费用对于家庭本来就困难的陈宏来说简直就是天文数字。而王社虽然承认自己应该承担全部责任，但只同意支付部分医疗费，对于其他损失一概不理。

就在陈宏走投无路的时候，电视上播出了有关法律援助的节目，这给了他一线希望。他来到朝阳区法律援助中心寻求帮助，中心的工作人员热情地接待了他。在耐心地听取了陈宏所讲的情况并看过其材料后，工作人员认为他符合法律援助的条件，指派同创律师事务所的卢伟律师承办此案，代其向北京市朝阳区人民法院提起诉讼。

在承办案件过程中，援助律师认真查阅案件材料，研究有关法律条文，到相关单位调查取证，并与当事人进行了多次交流，为开庭作了充分准备。在法庭审理过程中，尽管被告王社想出了种种理由来推卸责任，但援助律师有理有据的论证使被告的理由根本就站不住脚。

法院经审理全部采纳了代理律师的意见，判决王社赔偿陈宏共计人民币 10314 元。

律师点评

本案是《道路交通安全法》实施后不久发生的道路交通事故人身损害赔偿案件，该法的颁布实施，对我国传统的道路交通事故处理机制作了较大的改革，取消了公安机关处理的前置程序，使当事人可以直接通过诉讼程序主张权利。

本案的主要争议在于赔偿的数额和计算标准。人身损害赔偿的项目主要包括：因就医治疗支出的各项费用以及因误工减少的收入，包括医疗费、误工费、护理费、交通费、住宿费、住院伙食补助费和必要的营养费等。其中容易产生争议的主要问题是以下几点：1. 误工费、护理费、其他补助费用的计算时间问题。一般情况下，误工时间根据受害人接受治疗的医疗机构出具的证明确定。受害人因伤致残持续误工的，误工时间可以计算至定残日前一天。护理期限则应计算至受害人恢复生活自理能力时止。残疾赔偿金自定残之日起按 20 年计算。2. 误工费、护理费的计算标准问题。通常受害人有固定收入的，误工费按照实际减少的收入计算。受害人无固定收入的，按照其最近 3 年的平均收入计算；受害人不能举证证明其最近 3 年的平均收入状况的，可以参照受诉法院所在地相同或者相近行业上一年度职工的平均工资计算。护理人员有收入的，参照误工费的规定计算；护理人员没有收入或者雇用护工的，参照当地护工从事同等级别护理的劳务报酬标准计算。3.需要进行后续治疗的医疗费用如何计算问题。医疗费的赔偿数额按照一审法庭辩论终结前实际发生的数额确定。器官功能恢复训练所必要的康复费、适当的整容费以及其他后续治疗费，赔偿权利人可以待实际发生后另行起诉。但根据医疗证明或者鉴定结论确定必然发生的费用，可以与已经发生的医疗费一并予以赔偿。

李明明交通事故损害赔偿纠纷案

案情

2005年1月7日上午，12岁的李明明（化名）的父母神情沮丧地来到北京市顺义区法律援助中心，工作人员初步了解案情和其家庭状况后，根据援助条例有关规定当日批准给予援助，并指定北京市顺新律师事务所盛乃龙律师具体承办本案。

律师通过李明明的父母进一步了解案情后得知：2004年9月11日18时10分许，12岁的原告李明明骑自行车在顺义区天竺镇君福阁酒楼门口被徐某驾驶的北京纪庆通运输有限公司（化名）的货车撞伤，陆续治疗14天，诊断为牙关根折，18岁后可种植义齿，经北京大学口腔医院预算证明两颗牙齿治疗及种植费大约需要2万元。此事故市公安交通管理局顺义交通支队认定徐某付全部责任。

本案难点、焦点如下：第一，事故发生后在交通队报案时登记原告的名字是李关明，而实际原告户籍登记的是李明明，因此造成诉讼时主体不好确定；第二，原告的主要损失尚未实际发生，需要6年以后才能发生，现在请求赔偿依法不是必须赔偿，能否现在赔偿难以确定；第三，肇事司机是单位的职工，如何确定被告主体。

为了充分维护原告的合法权益，针对具体案情，盛律师建议以户籍登记的姓名李明明起诉，请家乡派出所出具现在使用姓名的证明。考虑到肇事方是有限公司和其职工，起诉时将其列为共同被告，以期在法庭审理中根据对方的态度决定是否放弃对职工请求赔偿的权利。随后，盛律师于2005年1月13日代理李明明向顺义区人民法院提起诉讼。开庭时，律师着重阐述了要求被告一次性赔偿的理由和依据：原告从河南来北京打工，居无定所，收入微薄，家庭经济十分困难，而被告是有限责任公司，如果等待6年以后其主体的情形很难确定；被告现在有一次性赔偿的能力，而原告的经济损失虽然尚未实际发生，但是有正规医院专家出具的医疗、手术费用预算证明，若真正等到6年以后原告实际需要的费用很可能远远高于现在请求的数额。根据《最高人民法院关于审理人身损害赔偿案件适用法律若干问题的解释》第19条第2款的规定是“可以”要求一并予以赔偿的。

在援助律师的努力下，最终顺义区人民法院于2005年3月30日宣判：本判决生效后7日内，被告北京纪庆通运输有限公司赔偿原告医疗费、鉴定费、牙齿间隙保持器费、牙根牵引器费、种植义齿费、伙食补助费、护理费、交通费共计人民币24028.38元。

律师点评

本案涉及两方面的法律问题：

第一，关于交通事故的赔偿义务人问题。根据《最高人民法院关于审理人身损害赔偿案件适用法律若干问题的解释》第9条第1款的规定，雇员在从事雇佣活动中致人损害的，雇主应当承担赔偿责任；雇员因故意或者重大过失致人损害的，应当与雇主承担连带赔偿责任。雇主承担连带赔偿责任的，可以向雇员追偿。这是因为雇主作为车辆的所有者，对车辆有支配权并享有由车辆运行所带来的利益，由顾主承担赔偿义务符合权利与义务相一致的原则，即使在雇员是私自驾驶雇主车辆的情况下，该行为也是因雇主对车辆管理不严所致。根据《最高人民法院关于审理人身损害赔偿案件适用法律若干问题的解释》第9条第2款的规定，雇员的行为超出授权范围，但其表现形式是履行职务或者与履行职务有内在联系的，应当认定为“从事雇佣活动”，因此雇主仍应作为赔偿义务人承担赔偿责任。当然在雇主承担民事赔偿责任后，可以根据其与雇员之间的雇佣合同向雇员追偿。本案中的徐某是北京纪庆通运输有限公司职工，因此应当由北京纪庆运输有限公司承担赔偿责任。

第二，关于赔偿的数额问题，具体来说就是李明明是否有权要求运输公司赔偿将于 6 年后发生的 2 万元牙齿治疗及种植费问题。根据《最高人民法院关于审理人身损害赔偿案件适用法律若干问题的解释》第 19 条第 2 款规定："医疗费根据医疗机构出具的医药费、住院费等收款凭证，结合病历和诊断证明等相关证据确定。赔偿义务人对治疗的必要性和合理性有异议的，应当承担相应的举证责任。医疗费的赔偿数额，按照一审法庭辩论终结前实际发生的数额确定。器官功能恢复训练所必要的康复费、适当的整容费以及其他后续治疗费，赔偿权利人可以待实际发生后另行起诉。但根据医疗证明或者鉴定结论确定必然发生的费用，可以与已经发生的医疗费一并予以赔偿。"李明明的牙齿治疗及义齿种植费虽然尚未实际发生，但却是根据正规医院专家出具的医疗、手术费用预算证明确定必然会发生的，故可以要求与已经发生的医疗费一并予以赔偿。

附　录

附录一

法律援助条例

第一章 总则

第一条 为了保障经济困难的公民获得必要的法律服务，促进和规范法律援助工作，制定本条例。

第二条 符合本条例规定的公民，可以依照本条例获得法律咨询、代理、刑事辩护等无偿法律服务。

第三条 法律援助是政府的责任，县级以上人民政府应当采取积极措施推动法律援助工作，为法律援助提供财政支持，保障法律援助事业与经济、社会协调发展。

法律援助经费应当专款专用，接受财政、审计部门的监督。

第四条 国务院司法行政部门监督管理全国的法律援助工作。县级以上地方各级人民政府司法行政部门监督管理本行政区域的法律援助工作。

中华全国律师协会和地方律师协会应当按照律师协会章程对依据本条例实施的法律援助工作予以协助。

第五条 直辖市、设区的市或者县级人民政府司法行政部门根据需要确定本行政区域的法律援助机构。

法律援助机构负责受理、审查法律援助申请，指派或者安排人员为符合本条例规定的公民提供法律援助。

第六条 律师应当依照律师法和本条例的规定履行法律援助义务，为受援人提供符合标准的法律服务，依法维护受援人的合法权益，接受律师协会和司法行政部门的监督。

第七条 国家鼓励社会对法律援助活动提供捐助。

第八条 国家支持和鼓励社会团体、事业单位等社会组织利用自身资源为经济困难的公民提供法律援助。

第九条 对在法律援助工作中作出突出贡献的组织和个人，有关的人民政府、司法行政部门应当给予表彰、奖励。

第二章 法律援助范围

第十条 公民对下列需要代理的事项，因经济困难没有委托代理人的，可以向法律援助机构申请法律援助：

（一）依法请求国家赔偿的；

（二）请求给予社会保险待遇或者最低生活保障待遇的；

（三）请求发给抚恤金、救济金的；

（四）请求给付赡养费、抚养费、扶养费的；

（五）请求支付劳动报酬的；

（六）主张因见义勇为行为产生的民事权益的。

省、自治区、直辖市人民政府可以对前款规定以外的法律援助事项作出补充规定。

公民可以就本条第一款、第二款规定的事项向法律援助机构申请法律咨询。

第十一条 刑事诉讼中有下列情形之一的，公民可以向法律援助机构申请法律援助：

（一）犯罪嫌疑人在被侦查机关第一次讯问后或者采取强制措施之日起，因经济困难没有聘请律师的；

（二）公诉案件中的被害人及其法定代理人或者近亲属，自案件移送审查起诉之日起，因经济困难没有委托诉讼代理人的；

（三）自诉案件的自诉人及其法定代理人，自案件被人民法院受理之日起，因经济困难没有委托诉讼代理人的。

第十二条　公诉人出庭公诉的案件，被告人因经济困难或者其他原因没有委托辩护人，人民法院为被告人指定辩护时，法律援助机构应当提供法律援助。

被告人是盲、聋、哑人或者未成年人而没有委托辩护人的，或者被告人可能被判处死刑而没有委托辩护人的，人民法院为被告人指定辩护时，法律援助机构应当提供法律援助，无须对被告人进行经济状况的审查。

第十三条　本条例所称公民经济困难的标准，由省、自治区、直辖市人民政府根据本行政区域经济发展状况和法律援助事业的需要规定。

申请人住所地的经济困难标准与受理申请的法律援助机构所在地的经济困难标准不一致的，按照受理申请的法律援助机构所在地的经济困难标准执行。

第三章　法律援助申请和审查

第十四条　公民就本条例第十条所列事项申请法律援助，应当按照下列规定提出：

（一）请求国家赔偿的，向赔偿义务机关所在地的法律援助机构提出申请；

（二）请求给予社会保险待遇、最低生活保障待遇或者请求发给抚恤金、救济金的，向提供社会保险待遇、最低生活保障待遇或者发给抚恤金、救济金的义务机关所在地的法律援助机构提出申请；

（三）请求给付赡养费、抚养费、扶养费的，向给付赡养费、抚养费、扶养费的义务人住所地的法律援助机构提出申请；

（四）请求支付劳动报酬的，向支付劳动报酬的义务人住所地的法律援助机构提出申请；

（五）主张因见义勇为行为产生的民事权益的，向被请求人住所地的法律援助机构提出申请。

第十五条 本条例第十一条所列人员申请法律援助的，应当向审理案件的人民法院所在地的法律援助机构提出申请。被羁押的犯罪嫌疑人的申请由看守所在24小时内转交法律援助机构，申请法律援助所需提交的有关证件、证明材料由看守所通知申请人的法定代理人或者近亲属协助提供。

第十六条 申请人为无民事行为能力人或者限制民事行为能力人的，由其法定代理人代为提出申请。

无民事行为能力人或者限制民事行为能力人与其法定代理人之间发生诉讼或者因其他利益纠纷需要法律援助的，由与该争议事项无利害关系的其他法定代理人代为提出申请。

第十七条 公民申请代理、刑事辩护的法律援助应当提交下列证件、证明材料：

（一）身份证或者其他有效的身份证明，代理申请人还应当提交有代理权的证明；

（二）经济困难的证明；

（三）与所申请法律援助事项有关的案件材料。

申请应当采用书面形式，填写申请表；以书面形式提出申请确有困难的，可以口头申请，由法律援助机构工作人员或者代为转交申请的有关机构工作人员作书面记录。

第十八条 法律援助机构收到法律援助申请后，应当进行审查；认为申请人提交的证件、证明材料不齐全的，可以要求申请人作出必要的补充或者说明，申请人未按要求作出补充或者说明的，视为撤销申请；认为申请人提交的证件、证明材料需要查证的，由法律援助机构向有关机关、单位查证。

对符合法律援助条件的，法律援助机构应当及时决定提供法律援助；对不符合法律援助条件的，应当书面告知申请人理由。

第十九条 申请人对法律援助机构作出的不符合法律援助条件的通知有异议的，可以向确定该法律援助机构的司法行政部门提出，司法行政部门应当在收到异议之日起5个工作日内进行审查，经审查认为申请人符合法律援助条件的，应当以书面形式责令法律援助机构及时对该申请人提供法律援助。

第四章 法律援助实施

第二十条 由人民法院指定辩护的案件，人民法院在开庭10日前将指定辩护通知书和起诉书副本或者判决书副本送交其所在地的法律援助机构；人民法院不在其所在地审判的，可以将指定辩护通知书和起诉书副本或者判决书副本送交审判地的法律援助机构。

第二十一条 法律援助机构可以指派律师事务所安排律师或者安排本机构的工作人员办理法律援助案件；也可以根据其他社会组织的要求，安排其所属人员办理法律援助案件。对人民法院指定辩护的案件，法律援助机构应当在开庭3日前将确定的承办人员名单回复作出指定的人民法院。

第二十二条 办理法律援助案件的人员，应当遵守职业道德和执业纪律，提供法律援助不得收取任何财物。

第二十三条 办理法律援助案件的人员遇有下列情形之一的，应当向法律援助机构报告，法律援助机构经审查核实的，应当终止该项法律援助：

（一）受援人的经济收入状况发生变化，不再符合法律援助条件的；

（二）案件终止审理或者已被撤销的；

（三）受援人又自行委托律师或者其他代理人的；

（四）受援人要求终止法律援助的。

第二十四条 受指派办理法律援助案件的律师或者接受安排办理法律援助案件的社会组织人员在案件结案时，应当向法律援助机构提交有关的法律文书副本或者复印件以及结案报告等材料。

法律援助机构收到前款规定的结案材料后，应当向受指派办理法律援助案件的律师或者接受安排办理法律援助案件的社会组织人员支付法律援助办案补贴。

法律援助办案补贴的标准由省、自治区、直辖市人民政府司法行政部门会同同级财政部门，根据当地经济发展水平，参考法律援助机构办理各类法律援助案件的平均成本等因素核定，并可以根据需要调整。

第二十五条 法律援助机构对公民申请的法律咨询服务，应当即时办理；复杂疑难的，可以预约择时办理。

第五章 法律责任

第二十六条 法律援助机构及其工作人员有下列情形之一的，对直接负责的主管人员以及其他直接责任人员依法给予纪律处分：

（一）为不符合法律援助条件的人员提供法律援助，或者拒绝为符合法律援助条件的人员提供法律援助的；

（二）办理法律援助案件收取财物的；

（三）从事有偿法律服务的；

（四）侵占、私分、挪用法律援助经费的。

办理法律援助案件收取的财物，由司法行政部门责令退还；从事有偿法律服务的违法所得，由司法行政部门予以没收；侵占、私分、挪用法律援助经费的，由司法行政部门责令追回，情节严重，构成犯罪的，依法追究刑事责任。

第二十七条 律师事务所拒绝法律援助机构的指派，不安排本所律师办理法律援助案件的，由司法行政部门给予警告、责令改正；情节严重的，给予1个月以上3个月以下停业整顿的处罚。

第二十八条 律师有下列情形之一的，由司法行政部门给予警告、责令改正；情节严重的，给予1个月以上3个月以下停止执业的处罚：

（一）无正当理由拒绝接受、擅自终止法律援助案件的；

（二）办理法律援助案件收取财物的。

有前款第(二)项违法行为的,由司法行政部门责令退还违法所得的财物,可以并处所收财物价值1倍以上3倍以下的罚款。

第二十九条　律师办理法律援助案件违反职业道德和执业纪律的,按照律师法的规定予以处罚。

第三十条　司法行政部门工作人员在法律援助的监督管理工作中,有滥用职权、玩忽职守行为的,依法给予行政处分;情节严重,构成犯罪的,依法追究刑事责任。

第六章　附则

第三十一条　本条例自2003年9月1日起施行。

附录二

律师和基层法律服务工作者开展法律援助工作暂行管理办法

司发通〔2004〕132 号

第一条 为了充分发挥律师和基层法律服务工作者在法律援助工作中的作用，进一步规范法律援助工作，根据《律师法》、《法律援助条例》等有关法律、法规的规定，制定本办法。

第二条 律师应当根据《律师法》、《法律援助条例》的有关规定履行法律援助义务，为受援人提供符合标准的法律援助，维护受援人的合法权益。

基层法律服务工作者应当根据司法部《基层法律服务工作者管理办法》和有关基层法律服务业务的规定，积极开展与其业务范围相适应的法律援助工作。

第三条 律师和基层法律服务工作者每年应当接受法律援助机构的指派，办理一定数量的法律援助案件。承办法律援助案件的年度工作量，由省、自治区、直辖市司法行政机关根据当地法律援助的需求量、律师和基层法律服务工作者的数量及分布等实际情况确定。

第四条 律师和基层法律服务工作者承办法律援助案件，应当接受司法行政机关、律师协会和法律援助机构的业务指导和监督，接受受援人和社会的监督。

第五条 法律援助机构指派法律援助案件，应当通过律师事务所、基层法律服务所安排律师、基层法律服务工作者承办。

律师事务所和基层法律服务所接到指派通知后，应当在 24 小时内，根据案件的具体情况和需要，安排合适人员承办。

第六条 律师和基层法律服务工作者应当在接受案件指派后的3个工作日内与受援人或其法定监护人、法定代理人签订委托代理协议。

第七条 律师和基层法律服务工作者在日常业务工作中发现当事人符合法律援助条件时，可以将当事人的有关案件材料转交其所在地的法律援助机构进行审查。法律援助机构应当在3个工作日内完成审查，作出是否提供法律援助的决定。

第八条 承办法律援助案件的律师和基层法律服务工作者，应当根据承办案件的需要，依照司法部、律师协会有关律师和基层法律服务工作者执业规范的要求，尽职尽责地履行法律服务职责，遵守职业道德和执业纪律。

第九条 对重大、复杂、疑难的法律援助案件，律师事务所、基层法律服务所应当组织集体研究，确定承办方案，确保办案的质量和效果。

律师事务所、基层法律服务所应当对本所律师、基层法律服务工作者办理法律援助案件的质量进行监督，发现问题的，应当及时纠正。

第十条 律师和基层法律服务工作者自法律援助案件办结后15日内，应当向指派案件的法律援助机构提交下列承办案件的材料，接受法律援助机构的审查；对于不符合要求的，应当要求其改正：

（一）法律援助指派函和律师事务所（基层法律服务所）批办单；

（二）委托代理协议及其他委托手续；

（三）起诉书、上诉书、申诉书或者行政复议（申诉）申请书、国家赔偿申请书等法律文书副本；

（四）会见委托人、当事人、证人谈话笔录及其他有关调查材料；

（五）答辩书、辩护词或者代理词等法律文书；

（六）判决（裁定）书、仲裁裁决书、调解协议或者行政处理（复议）决定等法律文书副本；

（七）结案报告；

（八）其他与承办案件有关的材料。

法律援助机构应当自收到结案材料之日起15日内完成审查，并将材料退还，由承办人员所在的律师事务所、基层法律服务所负责归档保管。

第十一条 法律援助机构应当按照当地人民政府制定的法律援助办案补贴标准，自收到结案材料之日起30日内，向承办法律援助案件的律师或者基层法律服务工作者支付办案补贴。

第十二条 律师和基层法律服务工作者在承办法律援助案件过程中，发现受援人有《法律援助条例》第二十三条规定列举的情形时，应当及时向法律援助机构报告，由法律援助机构负责审查核实，决定是否终止该项法律援助。

第十三条 法律援助机构应当采取对结案材料审查、办案质量反馈、评估等方式，督促律师和基层法律服务工作者尽职尽责地开展法律援助工作，确保法律援助服务的质量。

律师协会应当按照律师协会章程的规定对实施法律援助工作予以协助，指导律师和律师事务所不断提高办理法律援助案件的质量，维护律师在开展法律援助工作中的合法权益。

第十四条 对在法律援助工作中作出突出贡献的律师和律师事务所、基层法律服务工作者和基层法律服务所，司法行政机关、律师协会应当给予表彰、奖励。

第十五条 律师和律师事务所有违反《法律援助条例》等有关法律、法规以及本办法规定行为的，由司法行政机关、律师协会依照有关规定给予行政处罚或者行业处分。

基层法律服务工作者和基层法律服务所有违反《法律援助条例》以及本办法规定行为的，由司法行政机关依照有关规定给予行政处罚。

第十六条 法律援助机构、律师协会应当建立法律援助工作投诉查处制度。对受援人或者相关部门的投诉,应当依照有关规定及时调查处理,并告知其查处结果;经调查,认为对被投诉人应给予行政处罚的,应当及时向司法行政机关提出建议。

第十七条 法律援助机构安排本机构工作人员、指派社会组织人员承办法律援助案件的管理,参照本办法执行。

第十八条 本办法由司法部负责解释。

第十九条 本办法自发布之日起施行。

附录三

最高人民法院、司法部关于印发《关于民事诉讼法律援助工作的规定》的通知

司发通〔2005〕77号

各省、自治区、直辖市高级人民法院、司法厅(局),解放军军事法院,总政司法局,新疆维吾尔自治区高级人民法院生产建设兵团分院、新疆建设兵团司法局:

为了进一步加强和规范民事诉讼法律援助工作,最高人民法院、司法部制定了《关于民事诉讼法律援助工作的规定》,现印发你们,请遵照执行。

关于民事诉讼法律援助工作的规定

第一条 为加强和规范民事诉讼法律援助工作,根据《中华人民共和国民事诉讼法》、《中华人民共和国律师法》、《法律援助条例》、《最高人民法院关于对经济确有困难的当事人提供司法救助的规定》(以下简称《司法救助规定》),以及其他相关规定,结合法律援助工作实际,制定本规定。

第二条 公民就《法律援助条例》第十条规定的民事权益事项要求诉讼代理的,可以按照《法律援助条例》第十四条的规定向有关法律援助机构申请法律援助。

第三条 公民经济困难的标准,按案件受理地所在的省、自治区、直辖市人民政府的规定执行。

第四条 法律援助机构受理法律援助申请后,应当依照有关规

定及时审查并作出决定。对符合法律援助条件的，决定提供法律援助，并告知该当事人可以向有管辖权的人民法院申请司法救助。对不符合法律援助条件的，作出不予援助的决定。

第五条 申请人对法律援助机构不予援助的决定有异议的，可以向确定该法律援助机构的司法行政部门提出。司法行政部门应当在收到异议之日起5个工作日内进行审查，经审查认为申请人符合法律援助条件的，应当以书面形式责令法律援助机构及时对该申请人提供法律援助，同时通知申请人。认为申请人不符合法律援助条件的，应当维持法律援助机构不予援助的决定，并将维持决定的理由书面告知申请人。

第六条 当事人依据《司法救助规定》的有关规定先行向人民法院申请司法救助获准的，人民法院可以告知其可以按照《法律援助条例》的规定，向法律援助机构申请法律援助。

第七条 当事人以人民法院给予司法救助的决定为依据，向法律援助机构申请法律援助的，法律援助机构对符合《法律援助条例》第十条规定情形的，不再审查其是否符合经济困难标准，应当直接做出给予法律援助的决定。

第八条 当事人以法律援助机构给予法律援助的决定为依据，向人民法院申请司法救助的，人民法院不再审查其是否符合经济困难标准，应当直接做出给予司法救助的决定。

第九条 人民法院依据法律援助机构给予法律援助的决定，准许受援的当事人司法救助的请求的，应当根据《司法救助规定》第五条的规定，先行对当事人作出缓交诉讼费用的决定，待案件审结后再根据案件的具体情况，按照《司法救助规定》第六条的规定决定诉讼费用的负担。

第十条 人民法院应当支持法律援助机构指派或者安排的承办法律援助案件的人员在民事诉讼中实施法律援助，在查阅、摘抄、复制案件材料等方面提供便利条件，对承办法律援助案件的人员复制必要的相关材料的费用应当予以免收或者减收，减收的标准按复制材料所必需的工本费用计算。

第十一条 法律援助案件的受援人依照民事诉讼法的规定申请先予执行，人民法院裁定先予执行的，可以不要求受援人提供相应的担保。

第十二条 实施法律援助的民事诉讼案件出现《法律援助条例》第二十三条规定的终止法律援助或者《司法救助规定》第九条规定的撤销司法救助的情形时，法律援助机构、人民法院均应当在作出终止法律援助决定或者撤销司法救助决定的当日函告对方，对方相应作出撤销决定或者终止决定。

第十三条 承办法律援助案件的人员在办案过程中应当尽职尽责，恪守职业道德和执业纪律。

法律援助机构应当对承办法律援助案件的人员的法律援助活动进行业务指导和监督，保证法律援助案件质量。

人民法院在办案过程中发现承办法律援助案件的人员违反职业道德和执业纪律，损害受援人利益的，应当及时向作出指派的法律援助机构通报有关情况。

第十四条 人民法院应当在判决书、裁定书中写明做出指派的法律援助机构、承办法律援助案件的人员及其所在的执业机构。

第十五条 本规定自 2005 年 12 月 1 日起施行。最高人民法院、司法部于 1999 年 4 月 12 日下发的《关于民事法律援助工作若干问题的联合通知》与本规定有抵触的，以本规定为准。

附录四

最高人民法院、最高人民检察院、公安部、司法部关于刑事诉讼法律援助工作的规定

司发通〔2005〕78号

第一条 为加强和规范刑事诉讼法律援助工作，根据《中华人民共和国刑事诉讼法》、《中华人民共和国律师法》、《法律援助条例》以及其他相关规定，结合法律援助工作实际，制定本规定。

第二条 犯罪嫌疑人，公诉案件中的被告人，公诉案件中的被害人及其法定代理人或者近亲属，以及自诉案件中的自诉人及其法定代理人，因经济困难没有聘请律师或者委托诉讼代理人的，可以向办理案件的公安机关、人民检察院、人民法院所在地的法律援助机构申请法律援助。

犯罪嫌疑人、被告人为限制行为能力人的，其法定代理人可代为申请法律援助。

第三条 公民经济困难的标准，按案件受理地所在的省、自治区、直辖市人民政府的规定执行。

第四条 公安机关、人民检察院在对犯罪嫌疑人依法进行第一次讯问后或者采取强制措施之日起，在告知犯罪嫌疑人有权聘请律师为其提供法律咨询、代理申诉、控告或者为其申请取保候审的同时，应当告知其如果经济困难，可以向法律援助机构申请法律援助。对于涉及国家秘密的案件，应当告知犯罪嫌疑人申请法律援助应当经侦查机关批准。

人民检察院自收到移送审查起诉的案件材料之日起3日内，在告知犯罪嫌疑人有权委托辩护人的同时，应当告知其如果经济困难，可以向法律援助机构申请法律援助；在告知被害人及其法定代理人或者其近亲属有权委托诉讼代理人的同时，应当告知其如果经济困难，可以向法律援助机构申请法律援助。

人民法院对提起公诉的案件自审查完毕之日起3日内，在告知被告人有权委托辩护人的同时，应当告知其如果经济困难，可以向法律援助机构申请法律援助。

人民法院自受理自诉案件之日起3日内，在告知自诉人及其法定代理人有权委托诉讼代理人的同时，应当告知其如果经济困难，可以向法律援助机构申请法律援助。

第五条 告知可以采取口头或者书面方式。口头告知的，应当制作笔录，由被告知人签名；书面告知的，应当将送达回执入卷。

第六条 公安机关、人民检察院、人民法院在收到被羁押的犯罪嫌疑人、被告人提出的法律援助申请后，应当在24小时内将其申请转交所在地的法律援助机构，并通知申请人的法定代理人、近亲属或者其委托的其他人员协助提供《法律援助条例》第十七条规定的有关证件、证明及案件材料。

犯罪嫌疑人的法定代理人或者近亲属地址不详无法通知的，公安机关、人民检察院、人民法院应当在转交申请时一并告知法律援助机构。

第七条 法律援助机构收到申请后，应当依照有关规定及时审查并作出决定。对符合法律援助条件的，决定提供法律援助，并于决定之日起3日内指派律师并函告公安机关、人民检察院、人民法院；对不符合法律援助条件的，作出不予援助的决定，并于决定之日起3日内书面告知申请人理由，并函告公安机关、人民检察院、人民法院。

法律援助机构出具的刑事法律援助公函应当载明承办律师的姓名及联系方式。

第八条 申请人对法律援助机构不予援助的决定有异议的，可以向确定该法律援助机构的司法行政部门提出。司法行政部门应当在收到异议之日起5个工作日内进行审查，经审查认为申请人符合法律援助条件的，应当以书面形式责令法律援助机构及时对该申请人提供法律援助，同时通知申请人。认为申请人不符合法律援助条件的，应当维持法律援助机构不予援助的决定，并将其维持决定及理由书面告知申请人。

第九条 人民法院根据《刑事诉讼法》及相关司法解释指定辩护的，应当将指定辩护通知书和起诉书副本或者判决书副本送交其所在地的法律援助机构，由法律援助机构统一接收并组织实施。

人民法院决定开庭审理的，应当在开庭10日前将指定辩护通知书和起诉书副本或者判决书副本送交其所在地的法律援助机构。

人民法院的指定辩护通知书应当载明案件性质、被告人姓名、指定辩护的理由、案件承办人的姓名和联系方式，已确定开庭审理的，应当载明开庭时间、地点。

第十条 法律援助机构应当在开庭3日前将确定的承办人员的姓名及联系方式函告人民法院。

第十一条 律师接受法律援助机构指派后，应当按照有关规定及时办理委托手续。

人民法院指定辩护的案件，律师应当在开庭前询问被告人是否同意本人为其辩护，被告人不同意的，律师应记录在案，并书面告知人民法院和法律援助机构。

第十二条 被告人坚持自己辩护，拒绝人民法院指定的律师为其辩护的，人民法院应当准许，并记录在案。

对被告人具有应当指定辩护情形的，人民法院应当查明拒绝指定辩护的原因，有正当理由的，应当准许，但被告人需另行委托辩护人。被告人未另行委托辩护人的，人民法院应当为其另行指定律师。

人民法院根据前款规定决定为被告人另行指定辩护人的，应当在决定之日起3日内函告作出指派的法律援助机构。

第十三条 实施法律援助的刑事诉讼案件出现《法律援助条例》第23条规定的情形时，法律援助机构、人民法院均应当在作出终止法律援助决定或者终止指定辩护决定的当日函告对方，对方相应作出终止决定。

第十四条 人民法院决定变更开庭时间的，应当在开庭3日前通知承办法律援助案件的律师。承办法律援助案件的律师有正当理由不能按时出庭的，可以申请人民法院延期开庭。人民法院同意延期开庭的，应当及时通知承办法律援助案件的律师。

第十五条 人民法院决定不开庭审理的案件，承办法律援助案件的律师应当在接到法律援助机构指派函次日起10日内向人民法院提交书面辩护意见。

第十六条 公安机关、人民检察院应当依法支持承办法律援助案件的律师开展工作，应当告知律师犯罪嫌疑人涉嫌的罪名，依法安排律师会见在押的犯罪嫌疑人，为律师向犯罪嫌疑人提供法律咨询、代理申诉、控告，为在押的犯罪嫌疑人申请取保候审等提供必要的便利条件。

第十七条 在审查起诉阶段，人民检察院应当为承办法律援助案件的律师查阅、摘抄、复制案件的诉讼文书、技术性鉴定材料以及同在押的犯罪嫌疑人会见和通信提供便利条件。

人民检察院审查案件，应当听取承办法律援助案件的律师的意见。

第十八条 公安机关在撤销案件或者移送审查起诉后，人民检察院在提起公诉或者作出不起诉决定后，应当在5日内将案件办理结果告知承办法律援助案件的律师。

第十九条 人民法院应当依法支持承办法律援助案件的律师开展工作，为其查阅、摘抄、复制案件所指控犯罪事实的材料以及同在押的被告人会见和通信提供便利条件。

第二十条 公安机关、人民检察院、人民法院对承办法律援助案件的律师复制必要的相关材料的费用应当予以免收或者减收，减收的标准按复制材料所必需的工本费用计算。

第二十一条 律师在办理法律援助案件过程中应当尽职尽责，恪守职业道德和执业纪律。

法律援助机构对律师的法律援助活动进行业务指导和监督，以保证法律援助案件质量。

公安机关、人民检察院、人民法院在办案过程中发现律师违反职业道德和执业纪律，损害受援人利益的，应当及时向作出指派的法律援助机构通报有关情况。

第二十二条 人民法院应当在判决书、裁定书中写明作出指派的法律援助机构、承办案件的律师及其所在的执业机构。

第二十三条 本规定自 2005 年 12 月 1 日起施行。1997 年 4 月 9 日最高人民法院、司法部下发的《关于刑事法律援助工作的联合通知》，2000 年 4 月 24 日最高人民检察院、司法部下发的《关于在刑事诉讼活动中开展法律援助工作的联合通知》以及 2001 年 4 月 25 日司法部、公安部下发的《关于在刑事诉讼活动中开展法律援助工作的联合通知》与本规定有抵触的，以本规定为准。

图书在版编目(CIP)数据

法律援助案例选编 / 北京市司法局编. —北京:商务印书馆,2006
ISBN 7-100-05049-9

I. 法... II. 北... III. 法律援助—案例—汇编—中国 IV. D926

中国版本图书馆 CIP 数据核字(2006)第 058488 号

FĂLÙ YUÁNZHÙ ÀNLÌ XUǍNBIĀN
法律援助案例选编
北京市司法局 编

商 务 印 书 馆 出 版
(北京王府井大街36号 邮政编码 100710)
商 务 印 书 馆 发 行
北京瑞古冠中印刷厂印刷
ISBN 7-100-05049-9/D·398

2006年8月第1版 开本 700×1000 1/16
2008年7月北京第2次印刷 印张 13
定价: 20.00 元